KB266007

우리는 쇼펜하우어가 아니다

천재도 부자도 아닌 청춘에게 고독은 선택지가 아니다

우리는 쇼펜하우어가 아니다

초판 1쇄 인쇄일 2026년 03월 11일
초판 1쇄 발행일 2026년 03월 20일

지 은 이 Flat 4
펴 낸 이 양옥매
디 자 인 표지혜
교   정 정혜성
마 케 팅 송용호

펴낸곳 도서출판 책과나무
출판등록 제2012-000376
주소 서울특별시 마포구 방울내로 79 이노빌딩 302호
대표전화 02.372.1537   팩스 02.372.1538
이메일 booknamu2007@naver.com
홈페이지 www.booknamu.com
ISBN 979-11-6752-776-9 (03100)

우리는 쇼펜하우어가 아니다

Flat 4 지음

책과나무

들어가며

“쇼펜하우어가 이야기하는 행복은 천재이면서 동시에 부자여야 가능한 행복인데, 천재도 부자도 아닌 우리가 그의 말을 따라도 괜찮은 것일까?”

쇼펜하우어의 책을 읽으면서 드는 생각이었다. 고독의 즐거움을 강조하는 삶의 방식은 19세기의 쇼펜하우어였기에 가능한 것이지 현재의 우리에게는 불가능한 것이라는 생각이 들었다. 오히려 어설프게 쇼펜하우어를 흉내 내려 했다가는 우리 자신을 더욱 고립시킬 수 있다고 생각했다. 그래서 그 영향으로 각자의 삶이 행복해지기보다 더 불행해질 수 있다는 우려가 생겼다.

마흔이 되어 나의 인생을 돌아보았을 때 아쉬운 점을 한마디로 요약하면 사회성의 부족이다. 지금보다 더 만족스러운 삶을 살 수 있었는데, 그러지 못했던 것이 결국 사회성 부족으로 귀결되는 것 같다. 후회스러운 부분이다.

과거의 나는 쇼펜하우어를 알지 못했지만, 삶의 방식은 분명 쇼펜하우어와 닮아있었다. 사람들과 잘 어울리지 못하고, 심지어 사람들을 만나는 것을 귀찮아하였다. 그렇게 20대와 30대를 보낸 결과, 인간적으로 결점이 많은 사람이 되어버렸다.

당연한 결말이다. 혼자 있으면 인격적으로 성장하지 못한다. 이 사실을 모르는 사람은 없다. 그럼에도 불구하고 2024년 한국에서는 쇼펜하우어가 크게 유행하였다.

"그래도 괜찮은 것인가?"라고 질문해 보면 "아니다"라고 대답할 수 밖에 없다. 마흔의 내가 20대의 스스로에게 이야기를 해줄 수 있다면, 그러지 말라고 조언해주고 싶다. "너무 그렇게 혼자 있으려 하지 마라. 결국, 너한테 손해다"라고 조언해주고 싶다.

그렇게 20대의 나에게 말해주고 싶다는 생각이 드니 더 나아가 지금의 20대, 30대 독자들에게 전해줄 글을 적어 보아야겠다는 생각에 이르렀다. 즉, 고립의 방법으로는 결코 행복해질 수 없으며 불행해지기만 할 뿐이라는 것을 이야기해주고 싶었다. 20대와 30대를 고립으로 살아온 내가 어떤 문제점들을 지니게 되었고, 현재에 이르러서는 어떤 미래를 예상하는지를 알려주어 반면교사로 삼으면 좋겠다는 생각에 이르렀다. 그렇게 지금의 20대, 30대들이 나보다 더 나은 삶을 살았으면 하는 마음에 이 책을 집필하게 되었다.

청년들이 쇼펜하우어의 조언을 잘못 따라 하였을 때 나타날 수 있는 구체적인 문제점들을 8가지로 나누어 설명하였다. 미래에 마주할 수 있는 상황들을 미리 확인하여 경각심을 가질 수 있었으면 한다. 그리고 그러한 문제점들을 마주하지 않기 위해 어떻게 해야 하는지를 논의하였다.

또한 이 글에서 쇼펜하우어가 잘못 받아들여졌을 때를 가정하였지만, 근본적으로는 쇼펜하우어의 철학이 홀로 세워질 수 있었을까 하는 의심도 있다. 19세기 독일에서 쇼펜하우어가 혼자 안전하게 살아갈 수 있었던 것은 그 자신이 부자였기 때문이기도 하겠지만, 그를 제외한 다른 사람들이 모두 어느 정도 연대하며 살아가는 사회였기 때문일 것이다.

‘정신적 수준이 낮고, 수준 높은 대화를 하지 못하며, 물욕과 쾌락만을 좇는다.’

쇼펜하우어는 이런 이유를 들면서 대중들을 무시했는데, 평범한 대중이 그래도 함께하고, 연대하는 세상이었기에 쇼펜하우어가 존재할 수 있었다고 본다. 서로가 힘들고, 어려운 순간에 주변 사람들을 모르는 척하지 않았기에 가능하였을 것이다. 적당히 세속적이고, 권력과 명예 지향적이더라도, 위기의 순간에 리더십으로 사람들을 이끌어갈 수 있는 사람들이 존재했기에 가능했다고 생각한다. 그리고 그것이 역설적으로 쇼펜하우어에게도 안전망 역할을 했다고 본다.

사실 쇼펜하우어의 청년 시절, 위기에 처한 독일을 지켜낸 이들은 그가 비판했던 사람들이었다. 쇼펜하우어가 낮잡아 보았던 동시대의 철학자 피히테는 〈독일 국민들에게 고함〉을 통해 나폴레옹 점령 치하 독일 국민들에게 민족 자긍심과 용기, 변화의 의지를 북돋웠다. 이에 반응한 독일 국민들은 패배주의를 조금씩 벗어던지고, 함께 힘을 내어 민족 국가 독일의 기틀을 마련해가고 있었다.

쇼펜하우어가 홀로 연구 활동에 전념하며 "고독한 개인의 행복 철학"을 발전시켜 나갈 때, 독일 사회를 유지하고 변화시켜 나간 주역들은 정작 그가 비판했던 대중과 리더들이었다. 그는 대중이 깊이 사유할 줄 모른다고 지적했지만, 대중에게는 분명 긍정적인 면이 있었다. 리더들 역시 세속적이고 명예 지향적이었지만 함께 살아가는 사회를 고민할 줄 알았다.

그의 말마따나 "천재성을 타고난 개인은 그냥 존재하면서 작업하기만 해도 인류 전체를 위하는 것"일 수도 있지만, 천재가 천재로 남아 있을 수 있는 이유는 사회를 유지하고자 하는 다른 구성원들의 노력이 있기 때문이다. 사회 구성원 모두가 쇼펜하우어처럼 고독한 사회에서는, 설혹 쇼펜하우어라 할지라도 안전하지 못할 것이다.

혼자서 사색만으로 진정한 자기 자신을 찾을 수 있을 것 같은 뉘앙스에도 반대를 표한다. 적어도 20대에는, 나아가 30대까지도 그런 방법은 유효하지 않다. "자아는 이미 만들어진 것이 아니라 선택을 통해 계속해서 만들어 가는 것"이라고 이야기한 미국의 교육철학자 존 듀이의 말을 인용해 본다. "인생은 자신을 찾는 것이 아니라, 자신을 만들어 가는 것"이라고 말한 극작가 조지 버나드 쇼의 말도 인용할 수 있다. 내가 누구인지를 스스로 규정하기 위해서는, 나를 규정할 수 있을 만큼의 경험이 필요하다. 20대와 30대는 아직 그 경험을 축적해야 하는 시기이다.

바로 이 지점에서 《낯선 사람에게 말을 걸면》을 쓴 조 코헤인이 "낯선 이들의 성찬"의 기획자 젤딘과 나눈 대담 역시 소개할 만하다. 젤딘이 생각하기에 "나는 누구인가"라는 질문만큼 중요한 것은, "너는 누구인가?"에 대한 질문이다. 다른 사람과의 관계에서 완전히 독립된 나는 존재할 수 없다. 내 주변 사람들을 이해하고, 그들과의 관계망 속에서 자신을 어떤 모습으로 만들어 갈 것인지에 대해 고민하는 것이 자아 형성의 과정이다. 그렇기에 우리가 자기 자신을 찾고자 한다면 '나'에 대한 질문과 더불어 '다른 사람'의 존재에 대한 질문을 포기해서는 안 된다. 마흔에 접어든 지금, 여러 핑계를 대며 혼자 있기만을 고집하던 과거의 나에게 전해주고 싶은 충고이다.

2026년 어느 봄에

Flat 4

쇼펜하우어는
어째서 유행하는 것일까?

쇼펜하우어 이전에 니체의 유행이 있었다는 점을 생각해 보면, 오늘날 쇼펜하우어 유행을 더 잘 이해할 수 있을 것 같다. 그랬다. 수년간 니체가 서점가를 점령했었다.

삶을 대하는 니체의 자세는 쇼펜하우어의 그것과는 정반대이다. 우리가 이해하는 니체의 철학은 "인생의 고통을 기꺼이 받아들여라! 고통을 극복하라! 그래서 어제보다 더 나은 존재가 되어라! 그것이 의미 있는 삶이다!" 정도로 표현할 수 있을 것 같다. 느낌표가 붙을 정도로 강렬한 어조로 메시지를 전달한다.

『소심하고 비굴한 인간들은 가능하다면 고통을 없애려고 한다. 하지만 고귀한 인간은 오히려 일찍이 없었던 정도로 고통을 증대시키고 더 악화시키려고 하는 것처럼 보인다. 안락과 같은 것은 그의 목표가 아니다. 그것은 인간을 우습고 경멸받아야 할 것으로 만드는 상태이다! 고통을 견디는 훈련, 거대한 고통을 견디는 훈련, 이러한 훈련만이 지금까지 인류의 모든 고양을 가능하게 했다.』

— 프리드리히 니체, 《선악의 저편》 중

니체를 읽을 무렵의 우리는 그래도 더 힘을 내고, 더 노력하고 싶었다. 각자의 위치에서 현재의 나보다 뛰어난 어떤 상태에 이르기 위해 분발했던 것 같다.

물론 니체 이전에도 한국 사회의 개인들은 언제나 치열한 경쟁의 삶을 살아왔지만, 니체의 격언이 마음을 다잡는 정도의 역할을 해주었던 게 아닐까? 경쟁의 쳇바퀴 속에서 정신없이 싸우면서도, 나름대로 삶의 의미를 찾으려고 노력했던 것이겠다.

그리고 이제는 그런 노력을 하는 것에도 지쳐버린 것이 아닐까 싶다. 정신적 체력이 고갈되어 버린 것이다. 사람이 매번 그렇게 노력만 하며 살 수도 없다. 쉬어가는 순간도 분명히 필요하다.

나름대로는 노력했지만 큰 변화가 없다고 판단했을까? 노력의 크기와 상관없이 한계를 느끼게 만드는 구조적 문제에 좌절했을 수도 있다. 실패했다고 생각하여 낙담하게 되었을 수도 있다. 그러다 주변 사람들의 성공 이야기나, 인스타그램을 통해 확인하게 되는 "나보다 더 나은 삶"과의 비교에 더욱 큰 박탈감을 느끼게 되었을 경우도 상상해 본다.

물론, 니체는 자신과 남을 비교하지 말라고 하였다. 비교의 대상은 다른 사람이 아닌 어디까지나 "어제의 나"이다. 그러나 어디 말처럼 쉬운 일인가. 애초에 나 자신을 스스로 평가하는 것 자체가 어려운 일이다. 그런 것이 쉽게 가능한 사람은 니체의 말마따나 초인(Übermensch)일 것이다. 초인이 아닌 우리 같은 일반인에게는 쉬운 일이 아니다.

더군다나 현실적으로 나의 변화와 발전을 확인할 수 있는 것은 변화에 대한 주위 사람들의 인정이다. 헤겔, 호네트, 라깡 등 많은 철학자들 역시 인간은 다른 사람의 인정을 통해서 자아를 형성함을 설명하였다. 그러니 다른 의미에서 우리는 다른 사람과의 비교와 사람들의 평판에서 완전히 자유로울 수 없다.

그렇게 정신적으로 완전히 지쳐버렸을 때 쇼펜하우어가 찾아온 것 같다. 그는 이제 쉬어도 좋다고 해준다. 그렇게 아등바등 노력하지 않아도 된다고 위로해 주는 듯하다. 불행하지 않은 정도에서 만족하며 살아도 괜찮다고, 그것이 곧 행복이라고 말해줄 뿐 아니라, 사람들을 만나지 않아도 괜찮고, 혼자 정신적인 즐거움을 추구해도 괜찮다고 이야기해 준다. 그렇게 쇼펜하우어에게 위안받아 이제 우리도 좀 쉬어보려 한다. 혼자서 마음 놓으며 그저 편안하게 있고 싶다.

언젠가는 찾아올 시간이었다. 인생의 어느 시점에 들어서는 성공에의 열망보다, 휴식과 안정의 가치가 더 높아지는 순간이 분명 찾아올 것이다. 인생의 매 순간을 니체처럼 전투적으로 살아갈 수도 없다. 설령 그의 말마따나 인생이 무거운 돌을 계속해서 옮겨 나가는 시지프스의 삶과 같다고 할지라도, 초인이 아닌 우리에게는 그래도 얼마간의 휴식이 필요하다.

숨고 싶은 마음

쇼펜하우어가 유행하였던 또 다른 이유는, 숨고 싶은 마음에 있지 않을까 생각해 본다.

모두가 잘 알다시피 한국은 서로 비교하고 경쟁하는 문화가 유독 심하다. 한국처럼 비교 경쟁이 치열한 곳도 찾기 힘들다고 모두 입 모아 이야기한다. 최근에는 이러한 현상이 더욱 심해져서 자신이 잘 살고 있는 모습을 다른 사람들에게 보여줄 수 없으면 실패한 사람이 되어버리는 것만 같다. 그래서 "실패자로 기억되느니 차라리 숨어버리겠다"고 선택하게 되는 것 같다.

나 역시 그랬다. 나는 스스로를 "유학 실패자"로 규정한다. 어쨌거나 옥스퍼드까지 석사 유학을 했는데, 목표로 했던 박사 진학에 실패하였기 때문이다. 함께 공부하던 동기들은 모두 제각각의 분야에서 어느 정도 성공을 거둔 것만 같은데, 나의 행적은 초라해 보인다.

"될 것 같은데 왜 안 되지?"라는 생각에 몇 번 더 도전하기도 했다. 그러나 모두 실패했다. 이 사실이 부끄러웠다. 친구들을 피하기 시작했고 혼자 있기 시작했다.

그렇다고 은둔형 외톨이가 되었던 것은 아니다. 박사 진학에 미련이 남아 도움이 될 법한 새로운 경험들을 많이 해보기도 했고, 직장 생활도 했다. 사람들을 만나기도 했다. 그러나 내 마음은 일정 부분은 항상 닫혀 있었다. 옥스퍼드 석사 시절 나를 응원해 주었던 친구들과는 확실히 거리를 두게 되었다. 부끄러운 마음이 더욱 크게 느껴졌기 때문이다.

나의 유학 성공 여부와는 상관없이 나를 친구로서 따뜻하게 받아들일 수 있는 사람들이었는데 자격지심 때문에 혼자 숨어버린 것이다. 성숙하지 못해 인연들에 소홀했다. 돌이켜보았을 때 그들에게 미안한 마음이 크다.

"뭐 그 정도로 숨어버리기까지 했냐"라고 반응할 수도 있겠다. 맞다. 그 정도로 숨을 일은 아니다. 그럼에도 불구하고 나와 같은 사람들이 점점 더 많아지는 것 같다. 특히 20대 중반, 30대 초의 청년들에게서 말이다.

아는 동생도 비슷한 이유로 숨어버렸다. 그녀 자신은 숨어버렸다고 스스로 인지하지 못하지만 말이다. 서울 소재 명문대를 나온 동생은 지금은 중소규모 벤처 기업에서 일하고 있다. 그리고 이 친구도 마음의 문을 닫고 사람들을 잘 만나지 않는다.

동생은 어렸을 때부터 집안의 희망이었다. 학업으로 뚜렷한 성과를 내지 못하는 언니와 오빠에 비해, 동생은 성적으로 항상 전교에서 세 손가락 안에 들었다. 부모님은 집에서 서울대 출신이 나올 것이라며 한껏 기대했지만, 아쉽게도 서울대에 입학하지 못했다.

그녀에게는 부모님의 기대를 저버린 첫 사건이었다. 이후 대학 생활을 하고 여느 학생들과 마찬가지로 진로에 대해 고민하였다. 여러 시도를 해보다 결과를 맺지는 못하였고, 본의 아니게 무직인 시간도 길어졌다.

그리고 시간이 흘러 동생은 현재 중소규모 벤처 기업에서 일하고 있다. 나쁜 곳은 아니지만 그녀의 학력에 비하면 아쉬움이 있다. 부모님께 죄송하다는 마음도 커졌다. 그래도 대기업에는 들어갈 줄 알았던 부모님의 기대를 충족시키지 못했기 때문이다.

여기에 대기업에 입사하거나 전문직에 종사하는 다른 동기들과 스스로를 비교하면 상실감이 더욱 커진다. 그렇게 그 동생도 나처럼 혼자 있는 시간을 늘려갔다. 사람들과의 연락도 줄여가게 되었다.

나와 지인 동생의 사례를 소개했지만 이런 일은 우리 주변에 흔하다. 박사나 대기업 취직이 아니더라도 여러분 각자도 자신의 삶 속에서 크고 작은 목표를 이루지 못했거나, 주위의 기대에 부응하지 못해 좌절감을 느낀 경험들이 많이 있을 것이다. 그래서 혼자 있는 시간을 가지고 싶거나 사람들을 피하고 싶은 순간이 있었을 것이다.

이런 순간에 쇼펜하우어가 찾아온 것 같다. 쇼펜하우어는 혼자 있어도 된다고 오히려 그것이 현명한 것이라고 이야기해 준다.

그런데 흥미롭게도 쇼펜하우어 스스로도 숨어버렸다. 자신의 논문, 저작들이 세간으로부터 기대했던 평가를 얻지 못하자, 부끄럽고 분한 마음에 스스로 대학 교수직을 그만두고 뛰쳐나왔다. 당시 베를린에 유행한 콜레라를 피하기 위함이었다고는 하지만, 현실로부터의 도피적 성격 역시 컸다고 평가된다. 그 뒤로 그는 줄곧 고독 속에서 살았다.

이런 면을 보면 우리는 어느 정도 쇼펜하우어에게서 동질감을 느끼고 있는 것일지도 모르겠다. 쇼펜하우어가 그랬듯이, 우리도 혼자 지내는 편이 괜찮을 것 같다는 생각에 이르는 것이다.

목차

Side B 쇼펜하우어를 이겨내기 위한 7가지 방법

쇼펜하우어 철학이 29금인 이유

. . .

Arthur Schopenhauer

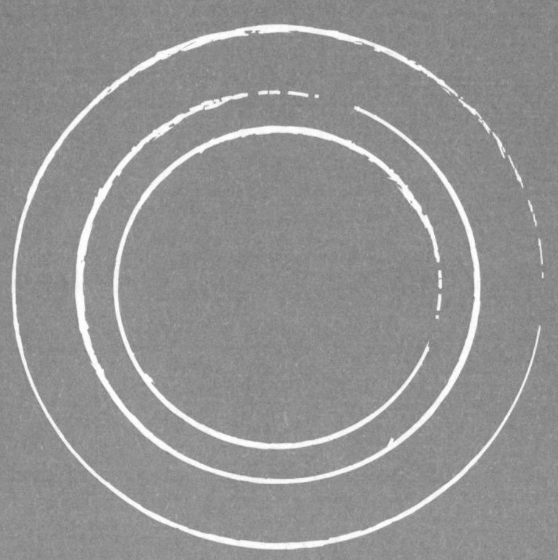

1A

관계를 소홀히 하면
외로워진다

『청년이 주된 인생의 과제로 배워야 하는 부분은 외로움을 견디는 방법이다. 외로움이야말로 행복과 내면의 평정을 가져오는 원천이기 때문이다.』

청년들이 쇼펜하우어의 조언을 따라 고립에 익숙해진다면, 인생의 후반부는 필연적으로 외로워질 것이다. 20대에는 여전히 관계가 왕성해 눈치채지 못할지 모르지만, 30대에 들면서 외로움은 서서히 다가오고, 40대에는 그것이 현실이 된다. 혼자 있기를 선택한 우리의 주변에는 더 이상 사람이 남아있지 않기 때문이다.

마흔의 인간관계

한편으로는 질문을 던져볼 수는 있다. "스스로 혼자 있는 상태에 만족하는데, 굳이 그것을 부정할 필요가 있을까? 어차피 쇼펜하우어도 욕심부리지 않고 현 상태에서 만족하는 행복을 강조했는데" 하며 말이다.

혼자 있는 시간을 많이 가진다고 해서 은둔형 외톨이가 되겠다는 것도 아니다. 기본적인 사회 활동은 하고 그래서 기본적인 사회성도 유지하게 된다. 경제력을 갖춘 30대라면 직장 생활을 제외한 일상 속의 얕은 유대 관계로도 충분히 만족스러운 것 같다.

한 달에 한 번 가는 미용실의 디자이너님, 물건 살 때 들르는 편의점 사장님, 쇼핑할 때 인사하는 가게 매니저님, 헬스장에서 인사하는 트레이너님 등. 친하지는 않지만 인사는 주고받는 사람들과의 가벼운 만남으로도 충족되는 느낌이다. 몇 마디 주고받지는 않지만, 오고 가는 미소와 간단한 안부 인사, 가벼운 농담 정도로도 충분히 혼자라는 외로움이 덜어지는 것만 같다. 사회학자나 심리학자들이 이야기하는 '약한 연대(Weak ties)'의 관계를 활용해서 살아가는 것이다. 생활 속에서 느껴지는 따뜻한 감정이 나의 외로움을 덜어내 준다.

여기에 30대에는 굳이 참석하지 않더라도, 나를 계속해서 찾아주는 사람들이 아직 많다. 고등학교 동창, 대학 동기, 과거에 친했던 사람들과 연락이 계속해서 이어진다. 단톡방도 살아있다. 그래서 스스로 혼자 있기를 선택하더라도, 아직 그들과 내가 연결되어 있다는 느낌을 받게 된다. 그 감정이 사람을 덜 외롭게 만든다. 그래서 30대에는 다들 영원히 혼자 있어도 외롭지 않을 것이라고 착각한다. 내가 그랬다.

그러나 마흔에 가까워지면 상황이 달라진다. 이때쯤 되면 대부분이 각자의 길을 가게 된다. 더 이상 과거의 인연만으로 연락을 주고받기엔 모두가 너무 바쁘다. 그래서 주변 사람들과의 연락도 점점 뜸해진다. 정말 혼자라는 것을 체감하게 될 때는, 더 이상 약한 유대 관계만으로 나의 감정이 다 채워지지 않는다.

그리고 외로움이 시작된다.

내가 생각하기에 40대부터 유지되는 관계는 1) 나에게 필요한 사람, 2) 우정이 매우 깊은 관계, 3) 나와 가치관이나 삶의 방향이 맞는 사람, 즉 나와 삶의 결이 같은 사람 정도로 요약된다. 물론 세부적으로 나누면 더 있겠지만, 기본적으로 이 세 가지로 구분된다.

여기서 1) 나에게 필요한 사람의 관계는 사실 외로움을 덜어주지 못한다. 이는 누구나 이해할 것이다.

2) 우정이 매우 깊은 관계는 어느 정도 외로움을 달래는 데 도움이 된다. 아무리 내가 바쁘고, 그 친구가 아무리 부족한 사람이라도, 10년 이상 알고 지낸 친구라면 쉽게 관계를 끊기 어렵다. 혹은 함께한 시간과 상관없이 서로 강렬한 우정이나 도움을 주고받은 경우도 이에 해당된다. 이런 관계들이 주는 안정감이 있다.

그러나 20대 혹은 30대부터 쭉 혼자 있기를 고수했다면, 이런 "우정의 깊이가 매우 깊은 관계"가 없을 확률이 매우 높다. 왜냐하면 얕은 유대 관계 정도에 만족하며 살아왔기 때문이다.

그리고 2)의 관계 역시 사실은 유효기간이 있다. 보통의 관계에 비해서 유지되는 시간이 길어질 뿐, 이 관계의 끝도 결국은 외로움이다. 30대 중반만 되어도 이 사실을 이해하게 된다. 나의 곁에 한때 친했던 고등학교 친구들이 얼마나 남아있는지 생각해 보면, 거의 없다는 것을 확인하게 된다. 그나마 남아있는 친구들과도 얼마나 오래 갈 수 있을지 확신할 수 없다. 분명히 만나면 반갑고 즐거울 수 있다. 그러나 그들과 내가 함께 나아가고 있냐고 자문해 보면 물음표가 붙는다.

3) 나와 삶의 결이 같은 사람의 경우가 사실상 오래 유지될 수 있는 관계이다. 그리고 이는 적극적으로 노력해서 만들어가야 하는 관계이다. 자신과 가치관, 삶의 지향점, 삶의 태도 등이 같아 함께 대화하고, 서로 의지하고, 또 미래를 계획할 수도 있는 관계이다.

그래서 마흔 이후에도 결혼하지 않은 사람들은 이런 관계를 만들기 위해 많은 노력을 한다. 30대 중반을 넘긴 사람들이 여러 동호회를 기웃거리는 것은 단순히 새로운 취미를 찾기 위해서나 연애할 상대를 찾기 위해서만이 아니다. 취미 생활이라는 매개를 통해서 자신과 삶의 결이 비슷한 사람을 찾고, 그들과 함께하는 커뮤니티를 만들기 위해 노력하는 것이다. 남은 인생을 외롭게 보내지 않고 함께 즐겁기 위한 노력이다.

개인적으로는 그러한 사람들을 많이 보았다. 보통 그들은 30대에 동호회에 들어가 서로 어울린다. 함께 어울리다 서로 마음이 맞아 결혼하는 경우도 있었고, 그렇지 않으면 결이 맞는 사람들을 만나 함께 소규모 커뮤니티를 따로 만들어나가는 경우도 많았다. 즉, 30대에 노력해서 만들어진 커뮤니티를 40대로 이어가는 경우다.

그러나 생각해 보자. 청년 시절부터 우리가 만들어온 삶의 결이란 무엇인가? "혼자서 편하게 있기"이다. 즉, 우리의 삶의 결은 혼자 있는 것이었다. 그래서 마흔쯤에 누군가를 새로 만나는 것이 쉽지 않다. 우리는 함께하는 방법에 서툴다. 그리고 그런 삶의 결을 다른 사람들이 좋아하지 않을 가능성이 매우 크다.

즉, 20~30대 때부터 혼자 있기를 선택한 사람들은 마흔쯤부터 외로워질 수 있는 확률이 매우 크다. 당연하게도 마흔쯤에 외로움을 느끼기 시작했다면, 그 이후의 남은 시간은 더욱 길게 느껴지게 된다.

물론 외로움을 피할 방법이 있다. 바로 외로움을 잊어버릴 정도로 창작 활동에 몰두하는 것이다. 직장 일을 말하는 것이 아니다. 예컨대 "세상에 나라는 사람을 증명해 보이겠어!"라는 야망을 담아서 정열적으로 창작 활동에 매진하는 것이다. 쇼펜하우어가 그랬다.

그러나 우리 같은 일반인에게는 거의 불가능에 가깝다.

직장 생활의 인간관계 : 무관심

이제 남은 인생이 외로울 수 있겠다는 두려움이 생겨난다. 그리고 생각해 본다. 정말로 40대가 외로워진다면, 혹시 직장 동료가 도움이 되지 않을까? 매일 같이 만나고 이야기하는 사람이 직장 동료이니 말이다.

그러나 이 역시 쉽지 않다. 직장 동료와 끈끈해질 수는 있어도 친하게 지내는 것은 쉽지 않다. 주변에 쉬는 날 직장 동료를 만난다는 사람이 있는가 찾아보자. 거의 없을 것이다. 혹시 밖에서 따로 만나는 사람이 있다면 사내 연애를 하고 있지는 않은지 의심해 볼 만하다. 직장 동료는 어느 정도 전우애를 공유하는 사이지만, 업무적으로 자주 부딪히는 사이이기에 마음을 터놓으며 편하게 지내는 친구와는 또 다르다.

사실 요즘 같아서는 동료들과 끈끈한 관계를 형성하는 것마저도 쉽지 않다. 우리는 직장 내 인간관계에 대해서 최근 새롭게 정의를 내렸다. "직장은 일하러 가는 곳이다", 그리고 "직장 사람들과는 일만 하는 사이"이다.

그 외 인간적인 관계는 최대한 배제한다. 가족은 아니지만 가족같이 대해서 힘든 회사 분위기, 불필요한 회식, 꼰대 문화, 가십거리, 쓸데없는 간섭 혹은 직장 내 성희롱 등 불필요하고 또 불편한 일들을 피하기 위해서 최대한 서로 거리를 두게 된다.

그리고 우리는 이렇게 바뀐 상태를 좋아한다. 아직 덜 바뀌었다고 느끼기도 하고, 거리를 더 벌려야 한다고 한다. 이런 분위기에서 끈끈한 관계를 형성하는 것은 쉽지 않다.

예를 들어보겠다. 내가 다녔던 회사에 경력직 신입이 들어왔다. 조금 과장해서 말하면 거의 일주일이 다 되어 가는 동안 아무도 신입에게 말을 걸어주지 않았다. 물론, 팀원들이 신입과 정말로 대화를 전혀 하지 않은 것은 아니다. 업무에 꼭 필요한 말은 했다.

그러나 뭐랄까, 기본적인 인간관계 같은 것이 없었다. 예를 들어 회사의 쉬는 시간에 먼저 다가가 간단하게 인사를 나눈다거나, 직장에 오기 전에 무슨 일을 했는지, 일은 익숙해지는지 등에 대한 물음 같은 것들이 없었다. 조금 과장하면 신입이 일 외적으로 다른 사람들과 이야기를 나눈 것은 아침에 "안녕하세요", 저녁에 "내일 뵙겠습니다" 정도가 다였다.

신입이 불편할 것이라 짐작했던 나는 일부러 쉬는 시간에 찾아가 업무는 괜찮은지, 하루는 어땠는지를 물어봐 주었다. 어느 정도 착한 사람 흉내를 내는 것이 나의 성향이었다. 그렇게 시간이 지나 신입과 친해졌을 때, 그녀는 나에게 고마움을 표했다. 아무도 말을 걸어주지 않던 그 일주일이 숨쉬기 어려울 정도로 답답하고 힘들었다고 했다. 이

직을 심각하게 후회하기도 했다고 말했다.

당시 내가 다니던 회사의 동료들이 특별히 비인간적이거나 못된 사람들이었다는 의미는 아니다. 이것이 요즘의 회사 분위기라는 것이다. 회사에서 서로 불편하지 않기 위해 거리를 두는 분위기, "일만 하고 퇴근"하고 싶어 하다 보니 "바쁘면 신입에게 딱히 말도 걸어주지 않는" 분위기로 이어졌다. 개인적으로는 조금 걱정스럽기도 하다. 불편함을 피하기 위해 너무 반대편 극단으로 흐르는 건 아닌지 염려되었다.

다만, 한국이 아닌 해외에서 직장을 구하더라도 상황이 크게 다르지는 않다. 이러한 분위기가 시대적 흐름이기 때문이다. 넷플릭스의 조직 문화를 대표하는 슬로건은 "우리는 팀이지 가족이 아니다"라고 한다. 각자가 능력을 바탕으로 실적을 내고 보상을 받아 가는 관계, 팀과 함께 성장이라는 목표를 추구하는 동맹 관계이지, 인간적인 유대 관계의 집합체가 아니라는 것이다. 따지고 보면 당연한 소리다. 그리고 이러한 성과 중심적이고 냉정한 조직 문화에서 끈끈한 인간관계를 기대하기는 어렵다.

2018년, 뉴욕타임즈의 베스트셀러 작가 댄 쇼벨이 조사한 바에 따르면, 전 세계 사무직 노동자의 40%가 직장에서 외로움을 느낀다고 한다. 영국의 경우, 60%가 외로움을 느낀다고 보고되었으며, 다른 나라들도 결코 적은 수치가 아니었다. 직장에서의 외로움이 한국만의 현상이 아닌 셈이다.

여기에 코로나 이후에는 변화된 사회 조직과 분위기 속에서 사람들 간의 연대가 더욱 약해졌고, 그로 인해 직장에서 외로움을 느끼는 비율은 더 증가했을 것이라 합리적으로 예상할 수 있다. 결국, 어디에서든 우리의 외로움을 달래는 데 있어 직장 내 인간관계만으로는 충분하지 않다는 결론에 다시 도달하게 된다.

우리가 부자라면 혼자여도 괜찮을까?

만약 우리가 부자라면 어떻게 될까? 우리에게 월 천만 원의 고정 수익이 있다고 생각해 보자. 집과 자차가 있는 상태이다. 수익은 온전히 나만을 위해 쓸 수 있다. 물론, 돈 욕심을 부리자면 끝이 없지만 이 정도에서 만족하려고 한다. 지나친 사치만 하지 않으면 혼자 즐기며 살기에는 충분한 돈이기 때문이다. 이러한 조건일 때, 우리가 고립되어 혼자 있기를 선택한다면 우리 삶은 어떻게 될까?

개인적으로는 이런 조건이라면 어느 정도 외로움을 덜어낼 수 있다고 생각한다. 외로움이 느껴지려 할 때면 돈으로 즐거움을 구입할 수 있기 때문이다.

예를 들어 오늘은 뮤지컬을 VIP석에서 관람하고, 며칠 뒤에는 유명 배우가 출연하는 연극을 본다. 오는 주말에는 제주도로 여행을 가고, 다음 주말에는 일본으로 여행을 간다. 고급 호텔에 머물며 오마카세를 즐기기도 했다가 고급 레스토랑에서 양식을 먹는다. 최고 수준의 어떤 것들을 경험할 때 얻을 수 있는 즐거움이 분명히 있다. 다른 사람들이 쉽게 누리지 못하는 것을 즐길 수 있다는 우월감 역시 만족감을 준다.

물론, 이러한 감정들이 오래 지속되지는 않겠지만 상관없다. 돈이 많으면 이 감정을 꾸준히 지속시킬 수 있다. 이번 주도, 다음 주도, 그리고 그다음 주도 돈을 주고 즐거움을 사면 된다. 돈만 있으면 할 수 있는 즐거운 일들은 무궁무진하다.

여기에 돈이 있으면 일상에서 느끼는 약한 유대감 역시 연장할 수 있다. 우리가 외로움을 느끼는 이유 중 하나는 사람들로부터 존재감을 인정받지 못하기 때문이다. 그러나 돈이 있으면 이 역시 구입할 수 있다.

당장 백화점만 가도 확인이 가능하다. "고객님"이라며 고객을 받들어주는 사람들이 있기 때문이다. 명품 매장에라도 들르게 될 때면, 더욱 극진히 대접받는다는 느낌을 받을 테니 감정적인 만족이 더 클 것이다. 헬스나 필라테스 등의 PT를 등록하면 트레이너는 나의 친구가 되어주기도 한다. 한시적이기는 하지만 트레이너는 나에게 관심을 보이고, 보살펴 준다. 실없는 농담에 웃어주기도 한다. 때때로 잔소리하기도 하지만, 그것마저도 싫은 것은 아니다. 어찌 되었든 이 관계 속에서 내가 우위에 있기 때문이다.

그러다 근육이 뭉쳐 마사지 숍에 들르게 되면 이번에는 관리사분이 세심하게도 나의 몸을 관리해 준다. 피로가 풀린다는 만족감과 함께, 나는 이번에도 '친절'이라는 감정을 돈으로 사게 된다. 여기에 가벼운 육체적인 접촉은 단순히 정서적 만족과는 또 다르게 외롭다는 느낌을 덜어준다. 이렇게 돈으로 구입할 수 있는 서비스들을 이용하여 '만족'과 '친절'을 구입하면, 외로운 감정을 어느 정도는 가시게 할 수 있다.

즉, 돈만 많으면 즐거움과 다른 사람의 친절, 관심을 계속해서 구입할 수 있다. 그렇게 외로울 틈이 없게 자신의 생활을 유지하는 것이 가능하다. 누군가 이런 식으로 자신의 인생에서 만족감을 느낄 수 있다면, 스스로가 행복할 수 있다면 그래도 된다고 생각한다.

쇼펜하우어 역시 이런 식으로 일상의 만족감을 구했던 것 같다. 헬렌 짐먼의 《쇼펜하우어 평전》에 묘사된 쇼펜하우어의 일상 중 하나는 부르주아적인 사교 생활이었다. 그는 연미복과 하얀 넥타이를 차려입고 대도시 프랑크푸르트의 호텔 당글르테르의 귀빈석에서 매일 점심을 즐기고, 때때로 그를 찾아온 손님들과 저녁 식사까지도 함께했다. 종업원들은 단골손님인 그에게 매번 "쇼펜하우어 박사님, 오셨습니까?" 하면서 반갑게 인사해 주었다고 한다. 오늘날로 치자면, 서울의 신라호텔에서 대접받으며 점심 식사를 즐기는 것이 그의 생활 루틴이었다. 또, 당시로는 상당히 국제적인 행사였던 박람회가 프랑크푸르트에서 열릴 때면 이를 열정적으로 구경하기도 하였다.

이렇듯, 부유한 노년의 부르주아가 한적한 대도시 어귀에서 평온하게 살면서도 필요할 때는 문명의 편리함과 화려함을 적당히 누리면서 살았다고 생각하면, 그의 철학도 어쩌면 그냥 "돈 있고, 똑똑한 사람의 호사스러움은 아닐까" 하는 의구심마저 든다.

어쨌든 쇼펜하우어 역시도 돈으로 살 수 있는 존중감으로 외로움을 덜어냈으리라 예상해 본다. 그래서 여러분에게 월 천만 원 정도의 고정 수입이 들어오는 상황에서 고립된 삶을 살고 싶다면, 그렇게 살아도 된다고 생각한다. 여러분은 나름의 방법으로 행복한 삶을 살 수 있는 준비가 되어있다.

다만, 주의해야 할 점은 있다. 즐거움을 추구하고 약한 유대 관계를 유지하는 방법으로 적당한 외로움은 이겨내는 것이 가능할지라도, 건조한 만남이 지속되는 바람에 지겨워져서 급기야 권태로워진다면, 그것은 약한 유대 관계로 이겨낼 수 없을 것이다. 권태는 외로움과는 또 다른 문제이다.

부자이지만 권태를 느낀다면

권태는 일상을 살아가는 우리 모두 피할 수 없는 문제이다. 다만, 경제적으로 부유하지 않은 사람들의 경우에는 권태에서 비교적 자유로울 수 있다고 생각한다. 더 나은 것을 추구하려는 욕심과 그것을 이루기 위한 노력과 인내, 어렵게 목표를 성취했을 때의 보람 덕분에 권태로움이 약해지기 때문이다.[1]

예를 들어 직장인은 여름휴가 때 떠날 하와이를 기대하면서 하루하루를 버틸 수 있다. 휴가 기간 하와이에서 즐거운 시간을 보내고 나면, 즐거웠던 추억이 한동안 일상을 지탱해 준다. 그리고 내년에는 인도양 몰디브에서 멋진 휴가를 즐기겠다는 마음으로 다시 일상을 버틸 수 있다. 월급을 모으고 계획을 준비하는 과정 자체가 삶의 활력이다.

이는 물질적 욕망에도 해당된다. 한 해 동안 고생한 스스로에 대한 선물로 디올 핸드백을 선물하고 나면 잠시 만족감을 느끼게 된다. 그리고 내후년에는 샤넬 백을 사고 싶다는 욕심을 가질 수 있다. 또 그다음 번에는 멋진 명품 코트를 가지고 싶다는 욕심을 가질 수도 있다. 이처럼 보통 사람들에게는 물적 욕망이 일상을 움직이는 동력원이 될 수 있다.[2]

...

[1] 반대로 가난의 정도가 심한 사람도 권태에 빠질 수 있다고 생각한다. 아무리 노력해도 삶이 바뀌지 않는다면 희망도 품기 어렵다.

[2] 쇼펜하우어는 물욕에 구속되어 살아가는 삶을 경계하였다. 하지만 아무것도 하지 않고 멈춰있기보다는 물욕을 이용해서라도 더 나은 어떤 것을 추구하는 편이 더 낫다. 욕심을 가져야 발전하려고 노력하는 존재가 인간이기 때문이다. 물욕을 쾌락으로 소비하자는 것이 아니다. 욕망으로 승화시켜서 발전하자는 것이다.

그리고 보통 사람들의 삶은 애초에 권태로움을 느끼기 쉽지 않다. 앞으로 어떻게 살아갈지에 대해 걱정하다 보면 권태로움을 느낄 새가 없다.

그러나 돈으로 모든 것을 쉽게 해결할 수 있는 사람들은 다르다. 그들에게는 원하는 것을 얻기 위한 노력과 인내가 필요 없다. 이미 많은 것들을 해보았고, 또 원한다면 얼마든지 새롭게 할 수 있다. 즉, 노력 후에 찾아오는 성취감이 없다. 원래 할 수 있는 것이기 때문이다.

그래서 권태는 보통의 사람들보다 아무것도 하지 않은 채 휴식만 취하는 부자에게 더 쉽고, 깊게 찾아올 수 있다고 생각한다. 당연하게도 이를 제대로 관리하지 못한 삶은 불행해질 수밖에 없다. 같은 형태의 오락, 쇼핑 따위를 아무리 즐기거나 소비하여도, 쾌락의 크기가 전에 비해 줄어든다는 한계효용의 법칙을 매우 일찍 느끼게 될 것이다.

부자들이 권태를 이기지 못했을 때 일어날 수 있는 극단적인 예시가 버닝썬 사태라고 생각한다. 그들이 범죄를 저지르는 것은 단순히 도덕적 해이 때문이 아니라, 그들이 삶의 권태를 느꼈기 때문이다. 이미 최고 수준의 즐거움과 물욕을 갖추게 되어 더 이상 무엇으로 만족을 느껴야 할지 모르게 되었을 때, 범죄를 저지르면서 쾌락을 느끼기 시작한 것이다. 그렇게 사회적으로 금지된 것을 어겼을 때 얻는 쾌락으로 감정적 만족을 얻는다.

영화 《베테랑》의 조태오와 같은 사람들이 마약을 하는 경우 역시 마찬가지라고 생각한다. 정상적으로는 뇌에서 즐거움을 느낄 수 없기 때문에 마약을 통해 강제로 쾌락의 감정을 끌어내는 것이다.

버닝썬 사태의 주동자들과 《베테랑》의 조태오가 너무 극단적이라면, 백화점에서 갑질을 하는 부자들의 예를 들 수도 있겠다. 그들이 갑질을 하는 이유 역시 일정 부분 권태 때문이다. 명품 쇼핑만으로는 채워지지 않는 마음의 공허함을, 무시를 통한 우월감으로 채우려고 하는 것이라고 본다.

그래서 여러분이 부자이면서 정서적 고립을 선택하였다면, 권태로움에서 자유로울 수 없음을 유념해야 할 것이다. 그리고 여러분 또한 범죄를 저지르거나, 다른 사람을 무시하는 등 폭력적으로 변할 수 있다는 것 또한 유념해야 한다.

이를 해결하기 위한 가장 좋은 방법은 쇼펜하우어가 조언한 대로 정신적인 즐거움을 추구하는 것이지만, 아이러니하게도 정신적 즐거움으로 권태를 이겨내기 위해서는 쇼펜하우어만큼이나 똑똑해야 할 것이다. 우리에게는 거의 불가능한 일이다.

결국 아무리 부자라도 권태를 이기기 위해서라도, 다른 사람들과 교류하며 지내야 한다고 주장한다. 다른 사람들이 전해주는 이야기들과 다른 사람들과 함께 겪는 사건들이 내 삶을 약간이나마 재미있게, 또 풍요롭게 할 수 있기 때문이다.

여행을 많이 다녀본 사람들은 이해할 것이다. 어느 순간부터 여행의 진정한 재미는 누구와 함께하느냐가 더 중요하다는 사실을 말이다. 인생을 긴 여정의 여행이라고 본다면, 아무리 많은 것을 성취하고 부자가 되더라도, 결국 마지막에는 누구와 함께 있을 때 즐겁고 행복했는지가 중요해진다.

성공 가능성이
줄어든다

쇼펜하우어에게 영감을 얻었다는 니체, 톨스토이, 아인슈타인을 보면 그들도 실은 쇼펜하우어만큼 고독한 삶을 살지는 않았다. 고독한 삶이란 말처럼 쉬운 게 아니다.

만약 그들이 진정한 의미에서 그의 고독을 따랐다면, 그들의 성취는 아예 세상에 알려지지 않았거나, 아예 성과 자체를 내지 못했을 수도 있다. 창작 활동에 대한 사회적 지지나 성과를 알릴 네트워크가 부재했다면, 그들의 업적은 빛을 보기 어려웠을 것이기 때문이다.

그러니 속지 마라!

바그너와 니체와 아인슈타인은 쇼펜하우어를 따르지 않았다

쇼펜하우어를 소개하는 책들에 따라붙는 말이 있다. 니체, 바그너, 프로이트, 톨스토이, 아인슈타인과 같은 위대한 지성들이 쇼펜하우어에게 영향을 많이 받았다는 것이다. 이 때문에 한 번 더 현혹되는 것 같다. 위대한 사람들이 영향을 받았기 때문에, 우리 역시 그들을 따라 쇼펜하우어의 삶을 따라 하면 될 것 같다. 그렇게 고립되어 살아가도 괜찮을 것 같다.

그러나 유념해야 할 점이 있다. 앞서 말한 지성들이 쇼펜하우어의 철학 사상에 영향을 받거나 영감을 얻은 것은 사실이지만, 그들 자신은 쇼펜하우어와 같은 수준으로 절대 고독하지 않았다는 것이다. 대표적으로 바그너, 니체, 아인슈타인의 경우를 간단히 살펴보자.

먼저, 음악계뿐만 아니라 예술과 문학 등 문화 전반에 걸쳐서 큰 영향력을 미친 바그너를 먼저 살펴보면, 바그너의 실제 삶은 쇼펜하우어의 고독과는 거리가 멀었다. 그는 당대의 슈퍼스타로서 굉장히 사교적이었으며, 그 자신의 사회적 입지를 즐기며 살았다. 호화롭고 사치스러운 생활을 즐겼으며 여성 편력 또한 화려했다. 쇼펜하우어가 말한 쾌락적인 삶을 적당히 즐겼고, 거기에서 오는 에너지를 음악적 영감으로 승화시키는 편이었다.

또한 바그너는 자신의 인기와 사회적 지위를 자신의 처세와 작품 활동에 적극적으로 활용할 줄 알았다. 예를 들어, 자신의 라이벌이었던 브람스파의 근거지인 비엔나에 머물 때면, 시민들의 환대를 유도하여 자신의 위상을 과시하기도 했다. 그런가 하면 그를 적극적으로 지원한 국왕 루트비히 2세와의 관계 속에서 당대의 어느 음악가들보다 큰 재정적 지원을 받을 만큼 처세술과 정치력이 뛰어났다. 그러한 지원을 바탕으로 일생의 역작인 《니벨룽의 반지》를 위한 전용 오페라 극장을 만들었고, 오늘날까지 이어져 오는 바이로이트 음악 페스티벌을 조직하기도 하였다.

즉, 바그너는 쇼펜하우어가 말한 고독한 삶의 반대편에 있었던 인물이었으며 외향적인 성향을 잘 활용하여 더욱 성공할 수 있었던 천재였다.

그런가 하면 니체는 쇼펜하우어에게 영향을 받은 것으로 유명한데, 오히려 쇼펜하우어식 행복을 비판했다는 점에 주목할 필요가 있다. 물론, 젊은 시절 니체가 쇼펜하우어에게 매료된 것은 사실이다. 그는 인생이 본질적으로 고통이라는 쇼펜하우어의 견해에 동의했고, 그래서 한때는 고통과 권태에서 벗어나기 위해 맹목적인 삶의 의지를 포기하고 금욕적인 삶을 살아가기도 했다.

하지만 니체는 결국 쇼펜하우어를 뛰어넘어 자신만의 결론에 도달했다. 고통을 피하고 체념하며 살아가면 삶의 아름다운 측면을 놓치게 되며, 결국 더 큰 불행만이 남는다고 주장한 것이다.

니체는 인간이 본성적으로 더 높은 존재로 나아가려는 "권력에의 의지"를 가지고 태어난다고 보았다. 그리고 고통과 권태는 이 의지를 실현하는 과정에서 피할 수 없이 따라오는 숙명과 같은 존재로 여겼다. 그렇기에 니체는 고통을 피하지 말고 기꺼이 받아들이라고 주장한다. 그렇게 우리가 더 나은 존재가 되기를 목표로 삼고, 그 과정에서 얻어지는 행복을 부산물로 받아들여야 한다고 강조했다. 즉, 니체는 우리가 기대는 쇼펜하우어식의 삶을 강하게 비판한 인물이었다.

아인슈타인의 삶은 누구나 알 정도로 이미 친숙하다. 그에게는 천재, 괴짜, 익살스러운 이미지가 있지만, 고독한 사람이라는 평은 없다. 오히려 유머 감각이 뛰어나고 사교적인 성격으로 기억된다. 슈퍼스타로서 대중과 자주 접촉하는 것을 달가워하지 않았지만, 그럼에도 불구하고 크게 불평하지 않았고, 대중과의 소통을 지속적으로 이어갔다.

"신은 주사위 놀음을 하지 않는다"는 발언과 함께 양자역학의 확률적 해석을 비판했지만, 새로운 물리학 이론 자체를 부정한 것은 아니었다. 그는 양자역학의 수학적 성공을 인정하면서도 그것이 불완전하다고 보았고, EPR 논문 등을 통해 그 한계를 드러내고자 했다. 이러한 태도는 쇼펜하우어가 헤겔 및 그 추종자들과의 교류를 철저히 거부한 모습과는 분명히 다른 것이었다.

이처럼 쇼펜하우어에게서 영감을 받은 지성들이 실제로 추구했던 삶은 쇼펜하우어의 삶과는 거리가 멀었다. 앞서 언급한 세 명의 지성들뿐만 아니라, 다른 이들도 마찬가지였다. 그들은 각자의 작업을 위해 자신에게 집중하는 시간을 가졌지만, 세상과의 고립을 선택하지는 않았다. 오히려 자신이 가진 인적 네트워크를 적극적으로 활용하여 작품 세계를 확장해 나갔고, 대중과의 소통을 일정 부분 자신의 책임으로 여겼다.

예외적인 경우로는 비트겐슈타인 정도를 들 수 있을 것이다. 비트겐슈타인만큼은 절대적인 고독 속에서 괴물 같은 사고력으로 《논리 철학 논고》를 완성해냈다. 그렇지만 역사상 비트겐슈타인 정도의 천재는 또 없을 것이다. 더구나 쇼펜하우어의 고독을 따라 선택했다기보다는 그저 연구에 몰두한 끝에 자연스럽게 고립되었을 뿐이다. 그리고 자신의 철학 체계를 어느 정도 완성한 후에는 다른 철학자들과의 교류를 시도하였다. 그러므로 우리는 비트겐슈타인에게서 고독을 선택하는 삶에 대한 위안을 찾을 수는 없다.

이런 점을 종합해 보면 쇼펜하우어와 더불어 위대한 지성들의 이름에 기대어 우리가 스스로의 고립을 포장할 수 없음이 분명해진다. 우리의 고립을 더 이상 미화하지 말자.

고독한 천재 신화에 대한 오해

쇼펜하우어식 고독이 실현된 세계에서는 역사 속의 많은 인물이 빛을 보지 못했을 것이다. 여기에는 쇼펜하우어 자신도 포함된다. 그가 고독한 개인의 행복 철학에 매진할 수 있었던 이유는, 19세기 독일 사회가 다른 사람들과의 연대가 어느 정도 이루어지는 안전한 사회였기 때문이다. 당시의 독일 사회가 정말로 다른 사람들과 함께하지 않는 고독한 개인들로만 이루어졌다면, 독일은 통합된 민족국가로의 새로운 도약을 이루기 전에 진작에 프랑스와 같은 이웃 국가들에 흡수되었을지 모른다.

혼란한 시국에 쇼펜하우어 개인의 안전은 어떻게든 보장될 수 있었다 할지라도, 망국의 현실 속에서 고독한 개인의 철학은 낭만주의적 개인주의로 취급되거나 혹은 비겁한 지식인의 현실도피로 여겨졌을 것이다. 어쩌면 쇼펜하우어를 뒷받침해 주던 아버지의 유산도 소실되어, 작품 활동 자체가 애초에 불가능했을지도 모를 일이다.

당대의 시대상을 고려하면 분명 19세기 독일은 고독한 개인의 행복 철학 이전에 국가와 사회의 통합, 시대 정신을 강조하는 헤겔의 철학이 먼저 필요한 시점이었다. 안정된 국가 체계와 사회적 질서 안에서 고독의 철학이 꽃필 수 있었다는 점에 유념하면, 쇼펜하우어 역시 그 자신이 비난했던 헤겔의 철학 구조에 일정 부분 빚을 지고 있는 셈이다. 비록 쇼펜하우어 자신은 결코 인정하고 싶지 않겠지만 말이다.

쇼펜하우어를 지지해 준 유명 인사들 외에도, 그의 성공에는 "이름 없는 사람들"과의 인간관계가 뒷받침되었음을 기억할 필요가 있다. 예를 들면 그가 절대적 수준의 고독에 빠져 상실감을 느끼지 않을 정도로 호의를 베풀어 주는 주변 사람들이 있었다. 자주 가는 호텔이나 식당에서 그에게 "쇼펜하우어 박사님"이라고 웃으며 인사를 건네어 그의 기분을 좋게 해주는 종업원들, 쇼펜하우어가 창작 활동에 매진할 수 있도록 그의 생활을 도와주던 가정부들, 다소 괴팍한 쇼펜하우어를 선을 넘을 만큼은 배격하지 않던 이웃 주민들이 있었다.

이러한 일상적 접촉은 쇼펜하우어 스스로는 의식하지는 못했을지라도, 삶의 기본적인 틀을 유지해 주는 약한 유대 관계였다. 부유한 쇼펜하우어로서는 이러한 관계들을 그저 돈으로 사는 서비스 정도로 인식했을지 모르지만, 그에게 최소한의 사회적 연결고리를 제공하여 심리적, 물리적 안정감을 느낄 수 있도록 해주는 관계였다.

부유함이 고독이라는 사치를 만들어낸다는 점에서는 비트겐슈타인 역시 다시 언급할 수 있다. 비트겐슈타인이 고독한 경지에서 작품 활동에만 전념할 수 있었던 것도, 어쩌면 필요할 때면 자신이 원하는 유대 관계를 '구입'할 수 있다는 경제적 배경 때문이었을지 모를 일이다. 오스트리아 철강 부호의 자제, 지금으로 치면 학문에 뜻을 둔 삼성전자 회장의 막내아들 포지셔닝이었다. 이에 더해 무려 케임브리지 대학에서 당대 최고 철학자인 버트런드 러셀의 지지를 받았으니 혼자 있더라도 스스로 인정받지 못하고 있다는 좌절감도 없었을 것이다.

한편, 고독하면서 가난했던 천재들의 신화도 살펴보자. 대표적으로 고독한 예술가로 알려져 있는 반 고흐이지만, 사실 그가 이 정도 수준으로 유명해지게 된 데에는 많은 사람들의 도움이 있었다. 그의 동생 테오가 물심양면으로 고흐를 지원한 일화들은 이미 너무나 유명하다.

그런가 하면 죽는 순간까지 무명에 가까웠던 고흐가 사후 세상에 알려진 데에는 테오의 아내 요한나 반 고흐의 공헌 또한 무척 컸다. 고흐 사후 그녀는 고흐의 작품들을 미술계의 인물들에게 지속적으로 소개했고, 고흐의 그림들이 네덜란드 및 미국 여러 회랑에 전시되도록 하였다. 고흐와 테오가 주고받은 편지들을 정리해 책으로 출간하기도 하였으며 이를 영어로 번역하는 작업까지 진행했다. 사후 고흐가 미술계에서 재평가받고, 오늘날과 같은 수준으로 대중적인 인기를 얻게 된 데는 요한나의 공헌이 지대했다.

그뿐만 아니라 고흐의 생애를 살펴보면, 죽을 때까지 다른 사람들의 도움을 끊임없이 받았다는 점을 확인할 수 있다. 유년 시절, 구필 회랑에서 일하던 청년 시기, 전도사를 목표로 하던 시기, 그리고 미술가의 길을 걷던 시기 등, 인생의 시기마다 그를 도와주는 사람들이 언제나 곁에 있었다. 비록 고흐가 그 모든 사람들과 원만한 관계를 유지했던 것은 아니지만, 어쨌든 우여곡절 끝에 자신만의 세계를 지닌 예술가로 성장하는 데 있어 주변 사람들의 도움이 컸던 것은 분명하다.

즉, 우리가 알고 있는 "고독한 천재의 예술"은 주변 사람들의 도움이 없었다면 애초에 생겨날 수 없었거나 대중들에게 미처 소개되지 못한 채 잊혔을 것이다.

동시대의 화가 고갱 역시 마찬가지다. 그는 종종 고독한 천재 예술가로 묘사되기도 하지만, 그의 작품이 세상에 알려지게 된 배경에는 수많은 인간관계와 경제적 지원이 있었다. 가족과도 헤어지며 남태평양으로 떠나 마치 모든 사회적 관계를 끊고 고독 속에서 창작에 몰두한 것처럼 보이지만, 실상은 달랐다. 그가 타히티에서 보낸 편지들은 여전히 유럽에 남아있는 지인들과의 연대와 교류를 유지하고 있었음을 보여준다.

고갱의 삶에서 특별히 중요한 두 사람이 있다. 에밀 슈페네커는 고갱이 경제적으로 궁핍했던 시절, 자신의 집을 고갱에게 제공하며 그림을 그릴 수 있는 환경을 마련해주었다. 또한 고갱이 파리 미술계와의 연을 지속할 수 있도록 그의 작품을 지인들에게 소개해 주며, 경제적 지원을 아끼지 않았다. 에드가 드가의 경우엔 고갱이 남태평양에서 창작에 몰두하던 시기, 그의 작품이 유럽에서 판매될 수 있도록 적극적으로 지지했다. 그는 고갱의 작품을 구입하거나 전시회를 기획해 주었고, 고갱이 무명에 머물지 않도록 미술계에서 그의 입지를 넓혀주었다

이렇듯 고갱 스스로는 자신을 홍보하는 데 서툴고, 또 성격적 결함 때문에 주변 사람들과 좋은 인간관계를 유지하지 못했지만, 그럼에도 그의 작품을 알아보고 가치를 인정해 준 이들 덕분에 예술가로서 명성을 쌓을 수 있었다. 심지어는 사후 고흐가 유명해진 이후에는, 고갱과 고흐의 관계가 미술계의 이야깃거리가 되어 서로의 작품이 더욱 널리 알려지는 계기가 되기도 한다.

결국 고독한 천재의 신화는 오해에서 비롯되었다. 쇼펜하우어, 고흐, 고갱 모두 고립된 천재였다고 말하지만, 그들이 남긴 위대한 작품들은 고독이 아닌 연결된 세계에서 탄생했다. 고독 속에서도 누군가는 그들을 지켜보고 있었고, 그들의 작품을 세상에 내보냈다. 그들이 이룬 성취는 오롯이 개인의 고독에서 비롯된 것이 아니라, 그들 곁에 있

었던 이름 없는 사람들, 가족, 친구, 지인들의 연결망 속에서 가능했던 일이다.

고립의 상태에서 성공할 수 있을 것이라 착각하지 마라

우리의 삶에서 어느 정도의 성취를 이루고 싶다면 잘 생각해 보자. 우리가 정말로 혼자서 성공할 수 있는지 고민해 보는 것이다.

먼저, 앞서 언급한 모든 위인보다 스스로가 더 똑똑한 사람이라고 자부할 수 있는가? 분명, 그렇지 않을 것이다. 만약 진심으로 그렇게 생각한다면 스스로를 심각하게 경계할 필요가 있다. 여러분은 지금 지극히 오만한 상태에 빠져있는 것이다.

다음으로는 우리가 쇼펜하우어나 비트겐슈타인처럼 부자인지 확인해 보자. 부모님이 상당한 양의 주식을 물려 주시거나 혹은 세계 굴지의 대기업을 운영하고 계신가? 그래서 풍족한 경제력을 바탕으로 인간관계 정도는 적당히 무시하거나, 돈으로 외로움을 극복하고 필요한 서비스를 마음껏 구매할 수 있는 상태인가? 그것도 아닐 것이다.

마지막으로 내가 고독하게 살아도 나에게 지속적으로 관심을 주고, 나를 인정해 줄 아주 막강한 조력자가 곁에 있는가? 비트겐슈타인에게는 러셀과 무어가 있었고, 고흐에게 테오가, 고갱에게 드가가 있었던 것처럼 말이다. 아마도 이에 대한 대답 역시 부정적일 것이다.

그렇다면 우리는 고립되어 살아서는 안 된다. 뛰어난 위인들도 주변 사람들과의 관계 속에서 성공을 이루어내었는데, 대단한 능력도, 부도 없는 우리가 고독 속에서 성공을 이룰 수 있다고 착각하는 것은 위험하다. 우리에게 고독은 성취의 조건이 아니라 무모한 고립에 가까우며, 심하게 말하면 겉 멋든 사치일지도 모른다. 인생에서 성취를 이루는 데 있어 크든, 작든 다른 사람의 도움이 필요하다. 이 사실을 겸허히 인정하고, 함께 살아가는 방법에 대해서 고민해야 한다.

우리에게도 각자의 위치에서 성공할 가능성이 있다. 위대한 지성이나 예술가들만큼의 성취는 이루기 어렵더라도, 분명히 지금의 자신보다 더 나은 상태로 성장할 가능성이 있다. 그러한 가능성은 다른 사람들과 연결될 때 더욱 증폭되어, 전에 없던 새로운 가능성이 생겨나기도 한다.

이것은 사회학적 연구로도 뒷받침이 가능하다. 미국 사회학자 마크 그라노베터 스탠퍼드대 교수팀은 약한 유대가 개인의 사회적 성공에 미치는 영향을 연구했다. 그는 사람들이 취업이나 승진과 같은 중요한 기회를 얻는 과정에서 가깝고 친밀한 관계보다, 우연히 알게 된 사람이나 느슨한 관계에서 더 큰 영향을 받는다는 사실을 밝혀냈다.

나와는 다른 배경, 다른 인적 네트워크를 가진 사람과의 가벼운 만남에서 새로운 기회를 잡을 확률이 더 높다는 것이다. 이는 우리가 일상에서 무심코 지나치는 인연들이 실제로는 인생의 중요한 전환점을 만들어낼 수도 있다는 점을 시사한다. 동네 카페의 점원, 우연히 SNS에서 알게 된 사람, 대학 동아리에서 어쩌다 함께한 팀원. 그들은 강력한 유대가 아닐지라도, 예상치 못한 기회와 연결로 이어질 수 있는 잠재적 네트워크다.

쇼펜하우어의 고독을 어설프게 흉내 낼수록 이러한 가능성이 줄어든다. 여러 가능성을 탐구하며 인생의 방향성을 만들어 나가야 할 20대의 시간을 헛되이 소비하는 것이다.

그러니 20대들에게 말하고 싶다. 고립 속에서 성공할 수 있다고 착각하지 마라. 다른 사람들의 말에 무작정 이끌려 다니는 것도 위험하지만, 스스로를 고립시켜 가능성을 제한시키면서도 "성공할 수 있다"고 착각하는 것도 대단히 위험하다.

언젠가 자신이 가지고 있는 네트워크들을 어느 정도 정리하고 나만의 시간이 더 소중해지는 시기가 올 수도 있다. 그러나 20대의 대부분을 고립된 상태로 보내서는 안 된다. 성공의 기틀을 다지는 20대에는 나에게 새로운 가능성을 줄 수 있는 만남을 탐색해야 한다. 그들로부터 새로운 지식과 정보, 가치를 구하고 내 것으로 흡수할 수 있도록 해야 하며, 새로운 기회를 만들어내야 한다. 그것이 20대가 해야 할 일이다.

3A

안주하고자 하는 마음,
게으름을
철학으로 포장한다

『내가 청년들에게 해줄 수 있는 조언은 뭔가를 얻기보다는 뭔가를 제거하는 쪽으로 방향을 잡으라는 것이다. 돈을 벌어 부자가 되겠다는 생각은 버리고, 가난하지 않겠다는 생각을 한다. 건강해지려는 욕심을 버리고, 병에 걸리지 않겠다는 다짐을 한다. 즐겁게 놀기보다는 욕을 먹거나 비난받지 않도록 한다.』

– 쇼펜하우어

젊은이들에게 욕심을 줄여도 괜찮다고 이야기하는 쇼펜하우어의 조언은 위험하다. 좀 과장해서 말하면 그냥 적당히 살라는 말로 들린다. 20대의 시간을 그렇게 허비할 수는 없다. 오히려 청년들이 조금 더 귀

기울여야 하는 조언은 쇼펜하우어가 아닌 니체의 것이다.

『존재를 최대한 풍요롭게 실천하고 최대한 만끽하기 위한 비결은 바로 이것이다. 위험하게 살아라! 베수비오 화산의 비탈에 너의 도시를 세워라!』

– 니체

아직 기회가 있고, 체력과 열정이 있을 때 더욱 자신을 다그쳐야 한다.

원주민 마을에서 만난 행복

2010년대 중반, 나는 인류학 현지 조사를 위한 사전 답사로 남아메리카 아마존 정글에서 원주민들과 잠시 함께 지낸 경험이 있다. 원주민 마을 사람들이 어떻게 지내는지 대략 경험하고 느낀 점과 질문들을 갈무리한 다음, 이후 연구 주제를 구체화하여 박사 과정에서 심도 있게 공부하기 위해서였다. 그중에는 "원주민 마을 사람들은 스스로의 삶을 행복하다고 생각할까? 원주민들이 생각하는 행복은 무엇일까?"라는 의문도 포함되어 있었다.

당시까지는 물질적으로 풍족하지 않지만, 그래도 현대인보다 더 행복한 삶을 살아가는 어떤 외딴 공동체에 대한 환상 같은 것이 아직 남아 있었다. 국민총행복지수를 도입하여 정책 과정에 반영하는 부탄의 방법이 소개되기 시작했으며, 2011년 UN 총회에서는 부탄의 이러한 접근법이 다른 나라에 소개되었고, 이를 따르도록 권장받기도 했다. 가난하지만 여유로울 수 있는 부탄과 같은 나라들이 행복한 사회라는 의견이 국내외 언론 기사나 서적 등을 통해 퍼져 나갔고, 국내에서는 각박한 도시 생활에서 벗어나 여유로운 삶을 꿈꾸는 제주살이가 한창 떠오르고 있었다.

그래서 아직 알 수는 없지만, 아마존 부족 마을에서도 비슷한 결론을 낼 수 있을까 하는 궁금증이 있었다. 물질적으로는 부족함이 있지만, 여유롭고 단순한 삶 속에서 행복감을 느끼는 원주민들을 확인할 수 있지 않을까 예상했다.

처음에는 아마존 마을에서도 비슷한 결론을 낼 수 있을 것 같았다. 마을의 어른들은 내게 도시보다 마을의 생활이 훨씬 더 안정적이고 편안하다고 말해 주었다.

"자신도 젊은 날 도시에 나가 허드렛일을 하며 생활해 보았지만, 결국 내게 편한 것은 마을이었다. 마을 속의 삶에서 마음의 평안을 더 느끼고, 그래서 더 행복하다."

마을의 대부분 어른이 내게 이와 같은 말을 하였다.

여기까지만 보면, 도시 생활하는 현대인들이 놓치고 있는 인간 삶의 어떤 부분 혹은 행복의 비결이 있다는 생각이 들기도 하였다.

그러나 반전이 있었다. 내게 그런 말을 해주었던 마을의 어른들도 대부분 본인의 자녀들은 도시로 보내고 싶어 하였다. 나아가 나와 특별히 친분이 있던 가족의 부모님은 내게 자기 딸의 대부가 되어줄 것을 요청했다. 본인의 어린 자녀가 도시로 나가게 되었을 때, 도시에서 공부하고, 생활하는 데 있어 어떤 식으로든 도움을 기대했던 것이다. 아무래도 내가 그들보다 상대적으로 경제적 여유가 있었기 때문이다.

이는 많은 생각을 들게 했다. 마을 속의 삶이 더 행복하다고 하면서, 왜 그들의 자녀들은 위험하고, 복잡한 도시로 보내려고 하는 것일까? 자녀가 그것을 원하기 때문일까? 아니면 어른들의 행복은 마을에 있지만, 자신들의 자녀는 도시로 나가는 것이 더 낫다고 생각하는 것일까? 마을의 젊은 남녀들이 계속 도시로 빠져나가 공동체가 무너지는 것이 걱정이라고는 하면서도, 왜 본인들의 자녀는 도시로 나가야 한다고 생각하는 것일까?

이에 대해 나름의 결론은 이렇다. 아마존 마을의 어른들도 사실은 도시의 행복에 대해서 인정한다는 것이다. 물론 도시의 행복이 마을의 행복보다 더 좋다고까지는 못 하더라도, 최소한 도시에는 마을과 다른 종류의 행복이 있고, 그것이 미래 세대 구성원들이 살아가는 데 훨씬 더 적합하다는 것을 이해하고 있었다.

마을 밖에 더 다양한 종류의 즐거움이 있고, 자신의 가능성을 더 다양하게 펼칠 기회가 있다는 것을 알고 있으며, 그 기회를 온전히 제어할 수만 있다면 자식들이 더 행복하게 살 수 있다는 것도 알고 있었다.

다만 도시에서는 불안의 요소도 마을에서보다 클 뿐이다. 즐거움과 가능성뿐 아니라 희망도 있지만 불운, 사고, 비교, 무시와 차별, 그리고 가난에의 위협도 큰 곳이니 말이다.

그래서 아주 단순하게 말하자면, 더 나은 행복이 마을 밖, 즉 더 많은 사람들이 모이며 교류하는 곳에 있다고 할 수 있다. 반면 마을 안에서는 행복의 크기가 훨씬 작지만, 비교적 안정적인 상태가 유지되는 행복이 있다.

쇼펜하우어의 행복을 따라도 되는 걸까?

우리가 쇼펜하우어식의 소극적 행복론을 철저하게 따른다면 원주민 마을의 젊은 청년, 청소년, 그리고 어린이들에게 굳이 도시로 나가 부질없는 시간을 보내지 말라고 할 수 있다. 도시에는 우리를 힘들게 하는 욕망이 더 많을 뿐이다. 그러니 마을 안에서 불행하지 않을 정도로 지내는 것으로 만족하며 살아가라고 할 수 있다.

물론, 《여록과 보유》를 쓸 무렵의 쇼펜하우어처럼 나이가 지긋한 노년에는 혼자만의 시간과 여유, 그리고 그로 인한 안정감이 더 소중할 수도 있다.

그러나 한참 성장해나가야 하는 젊은이들의 경우에는 상황이 다르다. 그들에게는 아직 자기만의 산을 발견하고, 오르고 싶은 욕심이 있다. 부모님들도 이를 이해하기에 도시로 나가라는 것이다.

사람들이 모이는 곳에 욕망이 있고, 기회가 있다. 단순히 돈을 많이 벌 기회뿐만 아니라, 다양한 자아가 표현될 수많은 가능성이 생겨난다. 그래서 《도시의 탄생》의 저자 P.D. 스미스는 인간 문명의 시작을 도시의 탄생으로 바라보기도 하였다.

한편, 아마존 마을과 도시의 비교는 물리적 공간의 비교이기도 하지만 삶의 태도에 대한 문제이기도 하다. 현재에 만족하는 수준에서 살아간다면, 우리의 삶에 별다른 발전이 없을 것이라는 것쯤은 누구나 예측이 가능하다. 물론, 욕망은 위험을 포함한다. 그래서 불행해질 가능성이 있다. 그러나 그것은 관리의 대상이 되어야지, 완벽한 기피의 대상이 될 수는 없다.

자동차를 타면 교통사고의 위험성이 생긴다. 인터넷을 이용하면 개인 정보가 유출될 염려가 있다. 해외여행을 가면 언제나 사기와 강도의 위협에서 자유로울 수 없다. 그렇다고 해서 우리가 이런 사고의 가능성을 두려워하여 다른 긍정적 가능성까지 외면하거나 피하지는 않는다. 사고가 생기지 않게 조심히 관리해 나갈 뿐이다.

니체의 말마따나 고통이 두려워 체념하듯 살아가면 인생의 다른 즐거움을 깨닫지 못한 채 살아가게 된다. 그렇게 살면 무슨 낙이 있을까? 차라리 사기와 강도를 당하는 가능성을 염두에 두더라도 해외여행을 가서 사랑하는 연인, 가족들, 그리고 친한 친구들과 함께 오래 기억될 추억을 남기는 것이 낫다. 인터넷을 활용하여 필요한 정보를 얻고, 자동차를 이용하여 편리하게 살아가는 것이 낫다. 그게 삶이 조금 더 풍요로워지는 방법이다.

그리고 잠깐, 나의 경우를 생각해 본다. 내가 유학에 실패하였다고 해서, 유학 자체가 의미 없는 일은 절대 아니다. 그래서 경제적으로 여유가 있으면서, 유학을 고민하는 친구들에게는 유학에 도전해 볼 만하다고 격려해 준다. 다만 준비를 철저히 하고 가라고 조언해 줄 뿐이다.

당연히 유학 생활이 어렵기야 하겠지만, 보상도 크다. 유학을 통해 세계관이 확장될 정도로 큰 깨달음을 얻으면 제일 좋다. 좋은 인적 네트워크를 쌓을 수도 있다. 고스펙으로 취업 시장에서 유리한 고지를 차지할 수 있다면 그것도 괜찮다. 내 경우에는 큰 변화를 일구지는 못했지만, 그래도 훗날 내 자식에게 전할 수 있는 무형적 자산이라고는 생각한다.

결국 돈이 없어서 못 하는 것이지, 경제적 여유가 있으면 여러모로 도전하는 편이 좋다. 실패하더라도 나처럼 경험을 적절히 팔아가면서 이렇게 책을 쓸 시도라도 해볼 수 있으니 말이다.

결국 니체를 다시 언급하게 된다. 그에 따르면, 고난을 극복하면 행복이 찾아온다. 유학을 예로 들기는 하였지만, 인생의 많은 경험이 그러할 것이다. 모두가 이미 알고 있는 사실이다.

『가장 즐거운 삶의 비밀은 위험하게 사는 것이다!』

– 니체, 《즐거운 학문》 중

현실적인 취업과 관련하여서도 마찬가지라고 생각한다. 특별한 가치관이나 인생의 방향성이 없으면 대개는 대기업을 목표로 하는 것이 맞다.

우리 모두 인정한다. 어떤 일이든, 회사에서 고용되어 일을 한다면 나의 꿈을 좇는 것은 아니다. 많은 경우 다른 사람의 꿈을 위한 것이며, 그 대가로 돈을 받는다. 조금 과장해서 말하면 우리는 회사의 노예다.

다만, 노예가 되더라도 다들 대감집 노예가 되고 싶다. 가능하면 월급도 많이 받고, 좋은 복지 혜택도 누리고 싶다. 그래야 조금은 더 안전하고, 평온한 삶을 살 수 있다. 짧은 기간이지만 나 역시 지방의 작은 스타트업 기업과 국내 대기업에서 모두 일을 해보았다. 근무 환경과 복지, 퇴사 절차 등은 정말 극과 극이었다. 요지는 너무 일찍 만족하느라 더 나은 조건으로 나아갈 가능성을 닫지 말자는 것이다.

편하게만 살자면 기본소득에만 만족하며 살아가자고 할 수도 있다. 돈에 초연한 척하지 말자. 행복한 삶을 영위하는 데 있어 경제력은 굉장히 중요한 요소이다.

그리고 정작 쇼펜하우어 본인은 현실적인 경제 감각의 중요성을 대단히 강조했다는 점을 분명히 기억하자. 한때 부유했던 그의 어머니

와 동생 아델레가 투자했던 주식회사가 망해 경제적으로 큰 어려움을
겪었던 것과는 달리, 쇼펜하우어는 위기의 순간 재빨리 해당 회사에서
돈을 회수해 어려움을 넘겼다는 일화는 유명하다.

『오로지 돈만이 절대적으로 좋다. '돈은 구체적인 욕구' 하나가 아니라,
'욕구 전반'에 걸쳐 있기 때문이다.』

『재산만 있으면 인간의 삶에 수반되는 곤궁과 괴로움 같은, 이 땅에 태
어난 인간이라면 짊어져야 할 일반적인 노동에서 해방될 수 있다. 운
명의 이러한 비호를 받는 사람만이 진정한 자유인이다.』

『노년의 빈곤은 큰 불행이다. 빈곤을 몰아내고 건강이 유지된다면 노년
은 인생에서 감당할 만한 시기이다. 노년기의 주요 욕구는 안락과 안
정이다. 그래서 노년에는 이전보다 더 돈을 사랑한다. 돈이 잃어버린
능력의 대체재가 되기 때문이다.』

– 쇼펜하우어

이렇게 돈의 중요성에 대해 강조하면서, 정작 젊은이들에게 부자가
될 욕심을 버리라고 하는 이유를 모르겠다. 쇼펜하우어의 시대에는 국
가에서 보장해 주는 연금도 없었을 텐데 말이다. 그리고 연금이 우리
의 노후를 보장해 주지 못하기는 오늘날의 대한민국도 마찬가지이다.

숨어버린다고 해서, 그럴듯한 쇼펜하우어의 말로 포장한다고 해서
상황이 더 좋아지지는 않는다. 오히려 우리의 남은 인생이 더 불행해
질 뿐이다. 적어도 내가 경험한 바는 그러하였다.

쇼펜하우어처럼 살 자신은 있는가?

어렸을 때 법정 스님의 《무소유》가 큰 인기를 끌던 시기가 있었다. 비움의 중요성과 욕망의 절제에 대해서 말씀하셨다는 점에서 법정 스님과 쇼펜하우어 사이에 공통점이 있다고 생각한다. 그리고 쇼펜하우어가 현재 인기를 끌고 있는 것처럼, 법정 스님의 수필집 《무소유》 역시 당시에 큰 인기를 끌었다.

『우리들의 소유 관념이 때로는 우리들의 눈을 멀게 한다.

그래서 자기의 분수까지도 돌볼 새 없이 들뜬다.』

— 법정, 《무소유》 중

마음을 울리는 아름다운 글이었으며 많은 사람이 감명을 받았다. 그러나 거기까지였다. 실제로 우리는 무소유를 실천하며 살지는 않는다. 경제적 형편에 맞게 절약할 수는 있어도 물욕 자체를 줄이지는 않는다.

형편이 된다면 더 좋은 것을 어떻게든 가지려 한다. 심지어 스님들마저도 마찬가지인 것 같다. 대중에게는 무소유의 삶을 강연하였지만, 정작 본인은 '풀소유'의 삶을 행하여 지탄받은 어느 스님의 사례가 떠오른다. 스님들에게도 욕망을 줄이는 것은 그만큼 어려운 것이다.

그리고 그렇게 사는 것이 맞다. 진지하게 무소유를 실천하려고 하면 많은 문제가 일어난다. 돈 있는 사람이 돈을 쓰지 않으면 자본주의 경제는 작동하지 않는다. 그러면 사회는 오히려 피폐해진다. 비우는 것이 중요한 것이 아니라, 어떻게 쓰는가가 더 중요한 것이다. 즉, 《무소유》에서 법정 스님의 말씀은 귀감이 되지만 현실 생활에서 실천하기는 쉽지 않다.

쇼펜하우어의 철학 역시 이와 비슷하다고 생각한다. 이상적이지만 누구도 제대로 실천할 수 없는 어떤 상태 혹은 경지 같은 것이다. 독서 트렌드로서 소비될 뿐, 그의 사상이 실제 생활에서 실천되기는 힘들다. 물론, 그의 조언을 생활 속에서 적절한 수준으로 녹여낼 수 있다면 다행이다. 그런 사람들에게까지 뭐라고 할 수는 없다. 나보다 훨씬 더 현명하신 분들이니 말이다.

그러나 그런 사람은 아주 드물다. 대개는 쇼펜하우어를 적당히 편할 대로 해석하며, 자기 자신을 방어하는 수단으로 삼는다. 나부터 그렇다.

우리가 실제로는 쇼펜하우어의 철학을 깊이 따를 생각이 없다는 것을 보여주는 현상 중 하나가 여전한 서울 집중화 현상이라고 본다. 쇼펜하우어식의 행복을 지키고자 한다면 굳이 도시에서 살 필요가 없다. 정신적인 즐거움을 추구하는 삶은 지방에서도 충분히 이루어낼 수 있다. 쇼펜하우어가 칸트의 사상을 벗 삼았듯이, 우리도 누군가의 사상에 심취하며 정신적 활동에 매진하며 살아가면 된다.

그러나 우리는 그렇게 하지 않는다, 이런저런 이유를 들어 서울로 향할 수밖에 없다고, 도시살이가 좋을 수밖에 없다고 말한다. 심지어 수도권 집중화는 전 세계적인 현상이다. 그들의 선택이 나쁘다는 의미가 아니라, 쇼펜하우어가 주장한 대로 살아갈 수 없음을 확인했을 뿐이다.

4A

고립으로는 인격적 성숙에
이를 수 없다

『인간이 다른 사람이나 외부에서 얻을 수 있는 것은 그리 많지 않다. 남이 줄 수 있는 것도 좁은 범위 안에서만 가능하다. 결국, 인간은 모두 홀로 있으므로 그 홀로 된 자가 누구인지가 중요하다.』

『나는 완전하고 탁월하다. 나보다 더 뛰어난 개성은 없다.』

『나와 다른 사람들과 교제해서 무엇을 얻겠는가. …… 공동체는 말 그대로 공동의 가치관과 동질성이 있어야 하는데 모든 인간이 같은 수준에 도달하기 위해서는 그 집단의 정신 수준을 가장 어리석은 자에게 맞출 수밖에 없다. 그러므로 사회성은 타인의 높은 수준에 맞춰 나를 끌어올리는 것이 아니라, 타인의 가장 낮은 수준에 맞춰 나를 떨어뜨리는 행위가 된다.』

타인과의 교류를 거부하고 혼자 있는 것이 낫다고 여기면, 자신의 결점을 직시할 기회를 놓친다. 특히 고립된 세계 속에서는 자신의 언행이 타인에게 미치는 영향을 깨닫기 어렵고, 이는 결국 인격적 성숙을 지연시키는 원인이 된다. 고립의 결과로 인간관계는 점차 단절되고, 스스로의 성장 가능성마저도 갉아먹게 된다. 그 가운데, 인격적인 결함마저 자리 잡는다.

인격적 성장의 포기

쇼펜하우어의 고립에는 일정 수준 스스로의 성장, 특히 인격적인 성장을 포기하겠다는 의지가 담겨 있다. 모두가 알다시피 사람은 다른 사람과의 상호작용으로 성장할 수 있다. 이것은 상식이다.

그러나 쇼펜하우어의 세계에는 이러한 상호작용이 없다. 그도 그럴 것이, 쇼펜하우어가 볼 때, 자기 자신을 제외한 다른 사람들은 어리석은 대중이다. 그리고 뛰어난 사람은 어리석은 사람과 어울려서 배울 점이 없다는 것이다. 그래서 쇼펜하우어는 고립을 택했다. 바보들과 이야기하는 것보다 혼자 사색하고, 혼자 성찰하는 편이 더 낫다고 판단했다.

이처럼 쇼펜하우어는 지적으로 뛰어난 사람이었을지언정, 인간적으로 성숙한 사람이라고 하기는 어렵다. 사회성으로 따지면 불합격에 가깝다. 일단 다른 사람들을 바보로 취급한 것부터 문제가 된다. 요즘 같으면 엘리트 의식에 심하게 젖어 들었다는 비판을 받았을 것이다.

사회성이 상당히 결여되었던 그는 말년의 대부분을 프랑크푸르트에서 지냈는데, 그때도 상당한 괴짜로 알려져 있었다. 프랑크푸르트 생활 이전에도 동료와 주변 사람들로부터 좋은 평가를 받지 못했다고 한다. 과장된 면도 있겠지만 최소한 다른 사람들과 함께 어울리기 불편한 사람이었던 것 같다.

우리라고 더 낫겠는가. 만일 혼자 있기를 고집하면 우리도 그렇게 될 것이다. 예수나 부처와 같은 존재가 아니라면 혼자서 어떤 특별한 깨달음으로 사회성이 저절로 생겨나지는 않는다. 혼자 명상하는 것만으로 더 선한 존재, 다른 사람과 잘 어울리는 사람이 될 수 있었다면, 종교의 힘이 지금보다 훨씬 더 강했던 시절에 이미 지상낙원을 만들었을 것이다.

실제로 인격의 성장은 인간관계 속에서 실수와 갈등, 대립, 화해, 우정과 사랑 같은 경험을 통해 여러 감정을 겪고 난 뒤, 성찰의 시간을 가질 때야 이루어진다. 미국의 사회심리학자 조지 하버트 미드를 따르자면, 자아는 타인과의 사회적 관계 속에서만 존재할 수 있다. 그렇다면 쇼펜하우어의 고립적인 삶을 따를 경우, 사실상 자아 성장이 지연된 상태일 수 있다. 사회적 관계가 없기 때문이다.

그렇다고 우리 대부분은 방 안에서 명상이나 성찰도 하지 않는다. 나의 경우처럼 지쳐 쉬거나, 넷플릭스나 유튜브를 보는 등의 혼자만의 쾌락에 빠질 뿐이다. 그 결과 우리는 쇼펜하우어처럼 뛰어나지는 않으면서도, 쇼펜하우어만큼 사회성이 부족한 사람이 될 가능성이 높아진다.

스스로가 인격적으로 결함이 있다고 인정할 수 있으면 다행이다. 부지불식간에 일어나는 행동들을 모두 제어할 수는 없지만, 그래도 스스로 조심은 할 테니 말이다. 그러나 '무려 쇼펜하우어의 고독씩이나 따라 하는' 내가 다른 사람보다 모자랄 리 없다고 착각하게 되면 최악이다. 다른 사람을 불편하게 하고 피해를 주면서도, 자신은 아무것도 잘못하지 않은 줄 아는 꼰대형 인간이 탄생하고 말 것이다.

자기 객관화의 어려움: 반존대

20대 초반, 나의 좋지 않은 습관이 있었는데, 일단 피곤하면 나보다 나이가 많은 사람들에게도 반말하곤 했다. 피곤하면 상대방의 물음에 정확하게 대답하지 않고, 말끝을 흐리기 시작했다. 그러다 더 피곤해지면 아예 말을 놓아버리는 것이다. 결국 반존대 화법이었다. 그러면서도 스스로는 이 화법의 문제점에 대해서 크게 인식하지 못하고 있었다.

주위 사람들이 아무도 말을 해주지 않았던 것은 아니다. 특히, 당시 어울려 지냈던 형들이 관련 버릇에 대해 언급하곤 했다. 그러나 당시에는 모두가 어리던 시절이었고, 또 나 역시 딱히 의도를 가지고 하는 행동은 아니었기에 주위 사람들이 적당히 좋게 봐주고 넘어갔다.

다 같이 어울리는 친구 사이라고 보고 그냥 넘어가 주신 것도 있고, 소심한 친구이다 보니 딱히 버릇없다는 생각도 못 하신 것 같다. 그저 나라는 사람의 한 가지 특징이구나 하고 다들 좋게 생각해 주고 넘어간 것이다. 그러는 사이에 나 자신도 이 문제에 대해서 깊게 인식하지 못하게 되었다.

나는 나이를 먹었고, 이 습관이 20대에서 끝나는 것이 아니라, 30대까지도 이어졌다. 그리고 나보다 나이 많은 사람들에게 어렸을 때와 같이 피곤할 때면 반말을 하였다.

이때부터는 귀엽게 봐줄 나이와 상황이 아니었다. 소위 개념 없다고 욕을 먹는 시기이다. 그런데도 어렸을 적 습관대로 행동하였고, 결국 이것이 문제가 되었다. 주변 어른들에게 혼이 나기도 하였다. 그러고도 잘 고쳐지지 않아서 계속 혼이 나다가, 거의 30대 후반에 가까워져서야 완전히 고칠 수 있었다.

사실 이 습관을 훨씬 빨리 고칠 수도 있었다. 그리고 그래야 했다. 좋게 봐주고 웃으며 넘어갔다고 하지만, 좋은 게 좋은 것이 아니고 괜찮은 것이 괜찮은 게 아니라는 사실을 스스로 깨달았어야 했다. 적어도 군대를 다녀온 뒤, 혹은 대학을 졸업할 무렵에는 문제점을 생각해서 스스로 고쳐나가야 했다. 결국 나이가 들어 여러 번 호되게 혼이 난 다음에야 겨우 습관을 고쳐갈 수 있었다. 그것도 몇 해가 지나서야 가능했다.

왜 엉뚱한 이야기를 하냐 싶을 수 있겠지만, 자기 객관화가 그만큼 어렵다는 것을 이야기하고 싶다.

만약 내가 혼자서 사색을 통해서 자신을 성찰할 수 있었다면 진작에 고쳤을 버릇이었다. 주변 사람들이 불편해하는 무엇인가가 있다는 것을 감지해 내고 스스로 생각하였을 것이다. 사회생활을 하는 데 있어서, 특히 한국적인 맥락에서 나에게도 치명적인 흠이 될 수 있음을 깨닫고 고치려 했을 것이다. 그러나 그러지 못했다.

이때 쇼펜하우어와 같은 고독만을 고집한다면, 결함이나 부족한 부분을 개선하지 않은 채 살아가겠다고 결심한 것과 같다. 살던 대로 살겠다는 태도를 보이는 것이다. 왜냐하면 내 결함을 지적해 줄 사람과

의 관계가 없기 때문이다. 내가 인지하지 못하는 어떤 것을 개선할 수
는 없다.

보고 싶은 것만 보게 하고, 믿고 싶은 것만 믿게 하는 확증편향은 자
신을 온전히 바라보지 못하게 한다는 점을 기억하자. 스스로도 의식하
지 못하는 사이에 우리는 자신의 결점을 애써 부정하거나 모른척하려
고 노력하고 있을 것이다. 그렇기 때문에 인간관계가 필요하다. 이를
통해 스스로 인정하기 어려운 사실도 받아들일 줄 알아야 한다. 또 인
식하지 못했던 자기 모습을 온전히 바라볼 줄 알아야 한다.

물론 쇼펜하우어와 같은 마음이라고 해야 할까. 다른 사람을 크게
신경 쓰지 않겠다는 마음을 가진 채 사람을 만난다면 소용이 없을 것
이다. 그런 마음가짐이라면 변화는 있을 수 없다.

'남은 남이고, 나는 나다'라는 마음으로는 자기 성찰이 이루어질 수
없다.

'별것도 아닌 것 가지고 되게 뭐라 하네', '네가 뭔데 나한테 뭐라고
하느냐'와 같은 마음이라면, 느린 변화조차도 없을 것이다. 내가 안 좋
은 습관을 고치는 데 오랜 시간이 걸린 것 역시 조언이나 충고를 귀담
아듣지 않았기 때문이다.

그리고 쇼펜하우어식 삶에는 그런 태도가 포함되어 있다. 특별히 다
른 사람을 신경 쓰지 않고 심지어 무시하기까지 한다.

독일의 문호 괴테는 쇼펜하우어의 천재성을 알아보고 그를 높이 평
가했지만, 그런 그에게도 쇼펜하우어의 괴팍하고 침울한 성격은 불편
했는지, 쇼펜하우어가 조금 더 사교성을 띠고 사람들과 원만하게 지내
기를 바랐던 것 같다. 그래서 쇼펜하우어와의 교류가 끊어질 때쯤, 쇼
펜하우어의 사진첩에 다음과 같은 글귀를 적어주었다. 노년의 지성으

로서 괴테는, 장래가 촉망되지만 인간적인 면에서 아쉬움이 있는 젊은 이에게 조언해 준 것이다.

『인생을 즐기려면 세계에 가치를 부여하라.』

그러나 이러한 괴테의 조언에도 쇼펜하우어는 자기 방식을 관철할 뿐이었다. 괴테의 문구 옆에 아래의 글을 메모로 남겨두었다고 한다.

『사람들을 바꾸기보다는 그대로 내버려두는 편이 더 낫다.
　위대한 자아보다 더 풍요로운 것은 없다.』

쇼펜하우어는 자신을 아끼는 사람의 조언도 듣지 않으려 하였고, 자신의 인간적 결점도 끝끝내 고치지 못하였다.

우리가 쇼펜하우어를 따라 하게 된다면 우리 역시 자신의 결점을 고치지 못한 채 살아갈 것이다. 쇼펜하우어의 인간적 결점에 피곤함을 느껴 주변 사람들이 떠나갔듯이, 우리 주변의 사람들 역시 우리를 떠나갈 것이다. 그렇게 고립이 강제된다. 단, 쇼펜하우어처럼 뛰어나지는 못한 채 말이다.

40대가 되면 변하지 않는다

그렇게 30대에 접어들면 본인의 굳어진 습관을 고치기가 정말 힘들어진다. 스스로 어떤 결점을 고치고자 하는 의지 자체도 많이 줄어든다. "사람 고쳐 쓰는 것 아니다", "사람 안 변한다"와 같은 말을 생각해 보면 쉽게 이해될 것이다.

경험적으로 이미 알고 있는 내용이지만, 뇌 과학적으로도 설명이 가능하다. 신경과학자들의 연구에 따르면 우리의 성격, 사회성, 대인관계, 판단력 등에 많은 영향을 미치는 뇌의 전두엽은 평균적으로 25살까지 성장하다 그 이후로는 점차 퇴행한다고 한다.

그래서 성인기에 사회성을 발달시킬 수 없는 것은 아니지만, 특별한 노력이 없으면 성격이나 사회성이 점차 나빠질 수 있다는 것이다. 예를 들면 더욱 고집스러워지고, 더욱 자기중심적으로 된다. 전두엽이 퇴화하기 때문에 나타나는 자연스러운 생물학적 현상이다. 이런 관점에서 살펴보면 "대략 30세가 넘어서면 사람이 좀처럼 변하지 않더라"는 속설은 일리가 있다. 그나마 30대에는 주변에서 말해주는 사람이 있을 수 있다. 아직은 성장할 시기라고 사회적으로 바라봐 주기 때문이다.

그러나 40대가 되면 부족한 부분에 대해 뭐라고 해주는 사람이 확실하게 없어진다. 다 큰 어른에게 누가 쉽게 충고할 수 있을까. 뒤에서 다른 사람들과 험담은 하더라도, 직접적으로 조언이나 충고를 해주는 사람은 없어진다. 어지간히 친한 친구 사이에서도 힘들다. 즉, 상당히 높은 확률로 사람이 변하지 않게 된다.

이렇게 되면 40대부터는 자신의 결함을 그대로 유지한 채 살아가게 된다. 이제 결함들은 고칠 수 없기에, 다른 장점을 살려 결함이 커 보이지 않게 하거나, 혹은 사소한 결함에도 불구하고 함께 어울리며 살아갈 수 있는 사람, 함께 어울릴 가치가 있는 사람으로 포장할 수밖에 없다.

이것이 잘 되는 사람은 함께 어울리기 좋은 사람, 어른다운 어른으로 존중받고, 그렇지 않은 사람은 꼰대 같은 어른, 나잇값을 못 하는 어른 취급 받는다.

그리고 우리는 그런 어른들의 모습을 잘 알고 있다. 스스로를 꽤 괜찮은 사람이라고 여기지만, 주변 사람들에게 무례한 어른들 말이다. 쇼펜하우어의 고독을 고집하다가는 우리가 싫어하고 비난하는 어른들로 성장할 여지가 매우 크다. 그래도 마흔이나 돼서 쇼펜하우어를 따르는 것은 그러려니 할 수 있을지도 모르겠다.

그런데 아직 젊은 20대 청년들의 경우에는 다르다. 20대에 다른 사람들과 교류하지 않는 고립을 택한다면, 스스로 어른답지 못한 어른으로 성장할 가능성이 극도로 높아진다.

착각하지 마라 : 우리는 쇼펜하우어가 아니다

『총명한 사람은 온전히 홀로 있을 때조차 자신만의 생각과 상상만으로 큰 즐거움을 얻는다. 반면에 아둔한 자는 아무리 사교 활동, 연극, 유흥거리를 즐겨도 고통스러운 권태로움을 피할 도리가 없다.』

『정신이 풍요로운 자는 무한히 활발한 사고 활동, 내면세계와 외부 세계에서 일어나는 다채로운 현상으로 새로워지는 지적 유희와 힘, 그 힘을 항상 다른 것과 조합하려는 의욕들에 차 있다. 이들의 비상한 두뇌는 찰나의 권태 이외에는 지루함을 느낄 새가 없다.』

우리는 종종 혼자 있을 때 깊은 사색에 잠기고, 책을 통해 지혜를 얻으면 성숙할 수 있다고 생각한다. 그러나 애초에 나는 우리가 혼자 있을 때 정말로 명상과 사색으로 시간을 보내고 있는지 강한 의구심이 있다. 실제로는 그저 휴식을 취하거나, 혼자 즐기는 쾌락에 몰두하는 정도이면서도, 그것을 사색을 동반한 고독이라고 포장하는 것은 아닌지 의심한다.

나의 시간이 고독의 순간이었다고 생각하지 않는다

나는 그동안 혼자 있었던 시간이 고독의 시간이었다고 생각하지 않는다. 아무리 생각해도 나의 시간들에 쇼펜하우어를 끌어들여 낭만화해서 부끄럽다. 그것은 고립의 시간이었다.

솔직히 혼자 있을 때 사색을 거의 하지 않았다. 사색은커녕 하루를 반성하는 시간도 잘 가지지 않았다. 이에 대해 변명은 얼마든지 할 수 있다. 직장 생활을 하노라면 너무 지치고 피곤하다. 집에 돌아오면 솔직히 그냥 누워서 아무것도 안 하고 싶다. 저녁 운동이라도 다녀오면 그것으로 하루가 완전히 끝이다. 그나마 직장과의 거리가 멀지 않아서, 운동할 생각이라도 하는 것이다.

이런 형편에 반성이고, 사색이고 어디 있겠는가? 침대에 누워서 잠이라도 더 자는 것이 최고다. 정말로 잘 자는 것이 최고다. 물론, 휴식이 주어지는 날도 있다. 일도 하지 않고, 사람도 만나지 않는 날이다. 그러나 이때는 고독과 사색 외에 할 수 있는 재미있는 것이 너무 많다. 예를 들어 유튜브와 넷플릭스 세상 속에는 재미있는 콘텐츠가 너무 많다.

별생각 없이 웃고, 즐기고 깔깔거리다 보면 시간이 금방 간다. 조금 똑똑해지고 싶다는 욕심이 생기면 지식을 전달해 주는 유튜브 채널을 본다. 실제 내 생활이나, 태도가 변한 건 하나도 없지만, 그래도 뭔가 똑똑해졌다는 착각을 잠시 하게 된다.

니콜라스 카의 《생각하지 않는 사람들》, 안데르스 한센의 《인스타 브레인》과 같은 책에서는 인터넷, SNS의 사용으로 우리의 뇌에서 사고력을 담당하는 기능들이 퇴화되고 있다고 경고하지만, 고민하는 것도 잠시뿐이다. 일단은 좀 즐기고 싶다. 멍때리기 등으로 뇌를 쉬어주지 않으면, 제대로 된 사고를 할 수 없다는 뇌 과학 이론들도 있으니 여기에 더 기대려 한다. 심리학자 데번 프라이스는 《게으르다는 착각》에서 게으름이 자본주의가 만들어낸 착각일 뿐이라고도 하였다. 그러니 나의 휴식도 정당화될 수 있을 것만 같다.

푸바오나 강아지, 고양이 쇼츠를 보는 것은 언제나 즐거운 일이다. 침대에 누워서 아무것도 하지 않고, 동물 쇼츠만 한 시간 넘게 본 적도 있다. 모두 나에게 휴식과 위안을 주는 시간이었다.

그러나 이런 시간이 고독의 시간이었다고 말할 수는 없다. 좋게 표현하면 휴식을 취한 것이고, 나쁘게 말하면 그냥 쾌락을 즐긴 것이다. 함께할 수 있는 쾌락 대신 혼자서 즐길 수 있는 쾌락을 선택한 것일 뿐이다.

즉, 나의 시간은 고독이 아닌 고립의 시간이었다.

반면 쇼펜하우어는 부지런했다. 쇼펜하우어에게 칸트가 있었기 때문일까? 그는 뛰어난 정신적 사유 능력으로 옛사람인 칸트와 정신적 대화가 가능했다. 그리고 《의지와 표상이라는 세계》라는 논문을 작성해갔다. 무려 그의 20대 때부터 말이다. 그 후 생애 10여 권의 저서들을 남겼고, 그의 저서들은 지금까지도 세상에 영향을 미치고 있다.

이런 쇼펜하우어의 시간과 나의 시간을 같은 '고독'으로 표현하려 할 때면 자꾸만 부끄러워진다. 수준의 차이가 아니라, 그냥 다른 종류의 시간이라고 인정할 수밖에 없다.

그렇다고 '쇼펜하우어처럼 고독하지 않은 것'에 대해서는 그렇게 부끄럽지는 않다. 그것은 애초에 불가능하다고 생각하기 때문이다. 솔직히 현시대의 내로라하는 철학 교수님들도 쇼펜하우어와 같은 수준으로 사색하지는 못할 것 같다. 조금 더 솔직히 말하자면, 1%의 천재를 제외한 현대인의 경우 그 누구도 쇼펜하우어처럼 고독을 즐기지는 못할 것 같다. 솔직히 쇼펜하우어의 고독이 우리에게는 사실상 불가능하다고 생각한다.

물론, 꼭 쇼펜하우어와 같은 수준의 정신적 활동을 할 수 있어야만 혼자 있는 시간이 의미 있는 것은 아니지 않느냐고 반문할 수 있다. 충분히 일리 있다. 그러나 이 경우 우리는 쇼펜하우어와 같은 수준으로 고립할 필요도 없다는 점 역시 기억해야 한다.

쇼펜하우어만큼 뛰어난 정신 활동을 할 자신은 없으면서, 그의 고독은 따라 하고자 한다면 분명하게 인식할 필요가 있다. 우리는 선택적으로 쇼펜하우어를 따라 하는 것이다. 다르게 말하면, 편할 대로 쇼펜하우어를 이용하는 것이다.

사유하고 있다는 착각: 활자 읽기

착각하지 말자. 책을 읽는다고 곧 깊은 사유를 하는 건 아니다.

다만, 책을 읽으며 지식을 쌓아간다는 느낌은 만족스러울 수 있다. 정확하게 이해하지는 못하더라도 무엇인가를 알아가는 과정 그 자체가 즐거움일 수 있다. 혹은 알아간다는 느낌까지는 아니더라도 활자를 읽고 있다는 감각에서도 만족감을 느낄 수 있다. 아마 뇌 과학적인 접근으로도 설명이 가능할 것 같다. 글자를 읽고 있을 때 뇌의 특정 부분에서 나오는 신경물질의 활성화 정도로 설명이 가능할 것 같다.

사람마다 다르겠지만, 어쨌든 나는 활자를 읽는다는 것에서 즐거움을 느끼는 쪽이었다. 축구장에서 공을 차며 즐거움을 느끼는 사람, 노래를 부를 때 즐거움을 느끼는 사람, 연극 무대에 서서 캐릭터를 표현할 때 즐거움을 느끼는 사람들이 있듯이, 나의 경우는 활자를 읽는 것에서 즐거움을 느꼈다.

생각해 보면 만화책을 읽는 것도 책을 읽는 것이고, 절간에서 불경을 외우거나 교회에서 성경을 읽어도 마찬가지인데, 한국의 분위기상 교과서와 같은 텍스트를 읽고 있으니 사람들이 더 존중해 주었다. 그러다 보니 스스로 뭔가 생각하는 사람이라고 착각하기 시작했다. 사실은 아무 생각 없이 그저 글만 읽었을 뿐인데 말이다.

나와 같은 사람들이 분명히 있을 것이라 생각한다. 독서를 통해 사유하는 즐거움을 추구하기보다는 그저 활자를 읽어 내려가는 그 과정 자체에서 즐거움을 느끼는 유형 말이다. 뭔가를 읽고 있다는 과정 자체에 만족하는 사람들. 나는 그러한 사람들에게 착각하지 말자고 이야기하고 싶다.

사람들이 별생각 없이 축구, 농구를 하고, 음악을 듣고, 춤을 추고 노래를 부를 때, 우리는 그들이 깊은 사유 활동을 하고 있다고 말하지 않는다. 마찬가지다. 별생각 없이 책을 읽는 과정 역시, 나에게 즐거운 자극을 주는 행위를 하고 있을 뿐이다. 마흔이 되어 독서 활동을 돌이켜보니 그런 결론이 나는 것 같다.

한편, 축구를 하면서도 정신적 사유를 할 수는 있다. 나에게 중학생쯤 되는 자녀가 있다면, 어느 시점에서 이런 대화를 해볼 수 있을 것 같다. 예를 들면, 왜 경기 중 어떤 반칙은 허용되고, 어떤 반칙은 허용되지 않는가? 어떨 때, 어떻게, 어느 정도 선에서 반칙하는 것이 허용되는 것일까? 이것을 내 삶 혹은 우리 사회에 비유하면 어떻게 되는 것일까? 규칙을 철저하게 지키는 것과 규칙에 적당히 유연할 수 있는 것, 그러면서도 공정이라는 가치를 심하게 훼손하지 않는 선이란 것은 어느 정도일까지 토론해 볼 수 있을 것 같다.

삶을 살아가면서 수없이 마주하게 될 실용적인 질문거리이다. 그리고 굉장히 어려운 질문이다. 판단력의 문제이기도 하며, 가치관의 문제이기도 하다. 그래서 나로서는 아직도 어려운 질문이다. 신호등의 불이 노란불일 때 나와 다른 사람의 안전을 위해 멈춰야만 하는 순간, 마찬가지로 모두의 안전을 위해, 혹은 교통의 흐름을 위해 액셀러레이터를 밟고 빨리 지나가야만 하는 순간을 파악하는 것과 같은 과정이다.

이렇듯 굳이 책을 통하지 않고서도 우리는 충분히 사유 활동을 할 수 있다.

『우리는 책 사이에서만, 책을 읽어야만 비로소 사상으로 나아가는 그런 인간들이 아니다. 야외에서, 특히 길 자체가 사색을 열어주는 고독한 산이나 바닷가에서 생각하고, 걷고, 뛰어오르고, 산을 오르고, 춤추는 것이 우리의 습관이다. 책, 인간, 음악의 가치와 관련된 우리의 첫 질

문은 다음과 같은 것이다. "그는 걸을 수 있는가? 더 나아가 춤출 수 있
는가?"』

간단한 예를 들었지만 내가 하고자 하는 말의 요지는 책을 읽으면서
도 스스로 생각을 할 수 있어야 했었는데, 나는 그러지 못했다는 것이
다. 활자를 읽었다는 것만으로 만족하면, 사유했다고 할 수는 없다. 학
부 때 좋은 학점을 받고, 운 좋게 명문대 석사에 합격하니 오랜 시간 동
안 스스로 눈치채기 어려울 정도로, 그리고 적당히 다른 사람을 속일
수 있을 정도로 포장되었을 뿐이다.

『책을 읽는 시간도 함께 살 수 있다면 책을 사는 것은 좋은 일인지도
모른다. 하지만 사람들은 대체로 책을 구입하는 것과 그 책의 내용을
자기 것으로 만드는 것을 혼동한다.』

『수만 권의 책을 읽은 자의 머릿속에는 수만 명의 사람들이 서식하고
있지만, 정작 그 자신은 그의 머릿속에 방 한 칸 마련되어 있지 않다.
스스로 사색하고, 스스로 욕망하고, 스스로 포기하는 자만이 고통 없
는 죽음을 만끽할 자격이 있다.』

쇼펜하우어의 의견이다. 그의 도피적 태도는 따르지 않았으면 하지
만, 이 문구만큼은 우리도 새겨들어야 할 것이다. 쇼펜하우어도 많은
이들이 수박 겉핥기로 책을 읽는다고 지적하고 있다. 자기처럼 되기는
어렵다는 말을 고급스럽게 한다는 생각도 든다.

그러니 나와 같은 유형의 사람들 역시 착각하지 않았으면 한다. 혼자서 책을 읽는 것 정도로 우리 스스로가 뛰어난 정신 활동을 하고 있는 것은 아니다. 우리는 그저 스스로 즐거운 일을 하고 있을 뿐이다.

하던 대로 하는 습관

나의 고질적인 습관 중의 하나는 무엇인가를 할 때 늘 하던 대로 한다는 것이다. 어렸을 때부터 정해진 공식을 외우듯이 살았기 때문에 그럴 것이다. 사색을 통해 나만의 답을 찾아왔던 것이 아니라, 이미 정해진 답을 충실히 따라가는 삶을 살았다는 증거이다.

물론, 취미 생활 정도야 나도 이것저것 새로운 것을 경험해 보기는 한다. 소위 잠깐 맛보는 수준에서는 이것저것 건드려 본다. 그러나 전문적으로 일을 기획하거나, 미래를 계획하는 일 등에 있어서는 기존 생각이나 경험의 범위를 벗어나지 못한다. 창의성이 부족한 정도가 아니라, 새로운 어떤 것을 시도할 생각조차 하지 못한다고 해야겠다. 새로운 것에 대한 제안이 있더라도 제대로 실행할 용기가 없다.

마흔이 된 지금은 이러한 성향을 인정하고 살아가는 편이다. "딴에는 하는 노력" 정도로 바뀔 수 없는 성향이라는 것을 인정하고 그에 맞게 살아가는 편이 더 편하다는 결론에 이르렀다. 나는 어느 정도 매뉴얼화되어 있는 일들을 그럭저럭 나쁘지 않은 수준으로 하는 것에 특화된 사람이다.

문제는 이런 사람은 누구에게라도 대체될 수 있다는 것이다. 특히, 요즘 같은 AI 시대에는 더더욱 말이다. 누구나 할 수 있는 일, AI도 할 수 있는 일을 굳이 내게 맡길 이유는 없다.

이 책을 쓰는 과정도 마찬가지다. 나에게 익숙한 글은 아무래도 대학과 대학원 과정에서 훈련받은 학술적인 글쓰기이다. 그렇게 큰 노력을 들인 것도 아니고, 글을 잘 쓰는 것도 아니지만 어쨌든 제일 익숙한 형태이다. 그리고 익숙한 형식을 벗어나는 데 많은 어려움을 느끼고 있다.

게으르다면 게으를 수 있겠지만, 그래도 스스로를 변호하고자 한다면 얼마든지 할 수 있다. 마흔쯤 되면 이제 변화를 만들거나 변화에 적응하는 것이 더욱 어려워질 때가 되었다.

그런데 나는 세상의 변화에 영향을 받지 않은 채 살아갈 수 있을 정도로 부자가 아니다. 내가 워런 버핏처럼 돈이 많다면 문제 될 것이 하나도 없다. 부유하다면, 지구 평균 기온이 2도씩 올라 기후 재앙이 일어난다 해도 나와 가족들이 살아갈 방법을 찾을 수 있다. 웬만해서는 돈으로 해결이 다 가능하니 말이다. 그러나 애석하게도 나는 워런 버핏 발가락만큼의 힘도 없다.

당연하지만 세상의 변화를 읽고, 적응할 줄 알며, 또 새로운 것을 시도하는 용기를 가지기 위해서는 어렸을 때부터 훈련이 되어있어야 할 것이다. 아직 사고가 유연할 때, 다양한 것을 경험하고, 그것을 바탕으로 새로운 어떤 것을 생각하거나 추구하는 연습이 되어있어야 한다.

이때 쇼펜하우어의 방식으로는 불가능하다. "이미 스스로가 어느 정도 완성되어있다"는 것을 전제로 하는 쇼펜하우어의 방식으로는 이러한 성장이 불가능하다. 특별히 새로운 욕망을 추구할 필요 없이, 자기에게 있는 것을 적당히 지켜내는 방식으로는 새로운 변화를 만들어낼 수 없다.

결국 쇼펜하우어의 조언을 따르는 독자분들도 나처럼 새로운 것을 생각하고 만들어내는 창의력을 동경하면서도, 정작 어떻게 할지는 모르는 수준에 머무르고 말 것이다.

사유하고 있다는 착각: 글쓰기

책을 읽는 것뿐만 아니라 글을 쓰고 있다고 해서 내 삶을 깊이 성찰하거나, 스스로의 상태에 많은 변화를 일으키는 것은 아니다. 이를 설명하기에는 나의 예가 적절할 것 같다. 개인적인 경험에 따르면 혼자 창작 활동을 할 수 있다는 것으로는 인격적 성숙에 이를 수 없다. 그건 완전히 별개의 사안이다.

내가 전공한 인류학에서 가장 중요하게 생각하는 개념 중 하나는 다양성이다. 어떤 방식으로 표현하든 이 다양성에 대한 이해는 항상 포함된다. "인류학은 어떤 학문이야?"라고 물어보는 사람들에게 간결하면서 적절하게 답변할 내용도 외우고 있다. 역시 다양성에 관한 것이며, 적어도 이성적으로는 나 역시 이를 이해하고 있다.

그러나 실제 내 삶은 그렇지 않았다. 내가 배운 내용을 삶에 녹여내고자 한다면, 마땅히 다양한 사람들의 존재를 인정하고 존중해야 한다. 그러기 위해선 한국 사회의 학력 위계질서를 어느 정도 극복하고 있어야 했다. 왜냐하면 학력이라는 것은 삶을 이해하는 단면 중 하나이기 때문이다. 세상에는 다른 기준에서 뛰어남을 자랑하는 사람들이 많다. 각자가 자신의 분야에서 두각을 나타낼 수 있음을 알아야 한다. 그래서 스스로 거만해지지 않도록 노력해야 한다. 그러나 실제로 나는 그러지 못했다.

스스로의 삶의 형태에 대해서도 마찬가지다. 석사를 했다고 해서 꼭 박사까지 해야 할 필요는 없다. 돈을 벌 방법은 얼마든지 있고, 행복할 방법도 많다. 다른 사람에게 잘난 척할 수 있을 만큼의 무엇인가가 꼭 필요하다면, 다른 방법도 얼마든지 있다. 삶은 다양하니 말이다. 그래서 비록 "성공해야 한다"는 한국식 압박이 있었더라도, 제대로 배운 사람이라면 그 정도는 떨쳐낼 수 있어야 했다.

그러나 나는 그러지 못했다. 스스로의 인생에 대해 다양한 각도에서 살펴보고 계획할 능력을 갖추지 못했고, 기존에 하던 대로의 습관, 학위를 좇는 것에서 사고의 범위를 벗어나지 못했다.

재미있는 점은 인류학 공부 초기 내가 관심을 가졌던 분야 역시 다양성과 관련이 있다는 것이다. 당시 나의 관심사 중 하나는 시베리아의 샤먼들과 순록 사냥꾼들에 대한 이야기였다. 아주 간략히 언급하자면, 나는 샤먼과 사냥꾼들이 필요에 따라 다른 세계를 오가는 이야기에 흥미가 있었다. 정령의 세계와 인간의 세계를 오가는 샤먼, 그리고 동물의 세계와 인간의 세계를 오가는 사냥꾼들의 모습을 보며 왜 그렇게 하는지, 혹시 다른 지역에서도 비슷한 문화가 있는지, 있다면 거기서는 어떻게 하는지를 궁금해했다.

어쨌든 여기에서 이야기하고자 하는 것은 샤먼과 사냥꾼에 대한 자세한 설명이 아니다. 내 관심사는 그들이 관점을 바꾸는 능력이었다. 당시 내가 좋아했던 문구는 "내가 아니지만, 내가 아닌 것도 아닌(Not me, but not not me)"이었다. 필요에 따라 다양한 관점을 오갈 수 있는, 그래서 나 자신의 성격이 변할 수 있는 그 상태에 굉장한 재미를 느꼈다.

즉, 내가 조금만 더 그 관심사를 내 삶에 적용해 보려 했다면, 내 삶의 여러 문제를 어느 정도 극복할 수 있었을 것이다. 고정된 삶이 아닌 다양한 관점을 이해하고, 더 유연하게 살아갈 수 있는 삶 말이다.

스스로 자조하는 글쓰기와도 연관 지어 생각해 볼 수 있다. 샤먼이 인간 세계와 정령 세계를 오가듯이, 나도 학술적인 글쓰기와 일상적인 글쓰기를 병행하는 사람이 되어야겠다고 다짐했을 수도 있었다. 논리와 체계를 갖춘 이론을 만들어내는 데는 학술적인 글쓰기가 유리하지만, 이를 대중에게 소개하는 데는 일반적인 글쓰기가 더 효과적이다. 인류학을 공부해서 배운 바를 현실 속으로 적용하고자 했다면, 그리고 더 나은 세상을 만들기 위해 필요한 것이 무엇인지 생각해 보았다면, 스스로 깨닫고 노력해 봤을 것이다.

그러나 나는 그러지 않았다. 나의 반응은 "와, 흥미롭다"에서 끝났다. 마치 훌륭한 영화 한 편을 보고 난 뒤 잠시 감흥을 느끼지만, 저녁 식사를 한 후에는 메시지에 대해 더 이상 크게 고민하지 않는 모습과 같았다. 텍스트는 텍스트이고 내 삶은 내 삶이었다. 물론, 에세이를 써야 할 때는 유동하는 어쩌고, 경계를 횡단하는 어쩌고 하며, 나도 뭔가 멋지게 표현해 보았다. 그런 글은 수없이 적어보았지만, 이를 현실에 적용하지는 못한 것이다.

핑계는 될 수 있다. 학업을 따라가는 것 자체가 쉽지 않다. 한 주의 공부 분량이 끝난 뒤 이를 내 삶에 적용하려는 생각보다는, 다음 주의 학업량을 따라가기에 바빴다. "성공해야만 한다, 낙오하면 안 된다"는 강박이 학문을 대하는 진실한 자세를 잡아먹었다고도 볼 수 있다. 그래서 어쩔 수 없었다고 핑계를 댈 수도 있을 것이다. 그렇지만 핑계를 댈 수 있다고 해서 그래도 된다는 것은 아니다. 결국 나는 여러모로 내가 바라던 수준으로 나아가지 못할 이유가 많은 사람이었다.

나와 같은 사람은 얼마나 될까? 적지 않을 것이라고 생각한다. 꽤 많은 사람이 그렇게 쫓기듯이 공부하며 배운 것을 삶에 적용하는 데 어려움을 겪고 있으리라 본다. 심지어 이미 성공한 사람들 중에도 그런 사람들이 많을 것이다. 그렇지 않다면 세상은 지금보다 훨씬 더 좋아져 있어야 한다. 어느 분야에서든 지금만큼 고학력자가 많은 시절도 없으니 말이다.

글을 쓰는 것만으로 사유하고 있다고 생각할 수 있지만, 그것만으로는 충분하지 않다. 오히려 글을 쓰는 것만으로 충분하다고 생각해 버리면 그게 더 문제다. 나는 이만큼이나 배웠고, 또 그것을 글로 표현할 수 있는 재능도 있는데 내가 틀릴 리가 없다고 생각할 수 있기 때문이다.

한편으로는 아이러니하다고 생각한다. 어쩌면 인생의 마흔에 접어들어서야 나는 마침내 인류학의 정신을 아주 조금이나마 실천하려고 노력하는 것 아닐지 생각도 해본다. 우리 사회에 성공하는 사람들의 이야기는 많지만, 나처럼 실패한 사람의 이야기는 비교적 적다. 이해한다. 다들 나처럼 조용히 살고 싶어 할 테니 말이다. 그렇기에 이 시점에서 삶의 다양한 단면, 실패한 사람의 이야기를 소개하는 것이 인류학을 전공한 사람으로서 나의 소임을 조금이나마 행하는 것은 아닐지 생각해 본다.

얄궂은 일이다.

6A

약자의 자기합리화,
연민에 빠져
성장을 멈추게 된다

『갖고자 하는 욕망은 갖지 못함으로써 결핍이 되고, 고통을 낳는 필요 조건이다.』

『너무 불행해지지 않으려면 너무 행복해지려는 요구를 하지 않는 것이 가장 확실한 방법이다.』

『재치 있는 사람은 무엇보다 고통이 없는 상태, 괴롭힘을 당하지 않는 상태, 안정과 여유를 얻으려고 애쓸 것이다.』

"욕망의 크기를 줄이고 만족하며 살라"는 쇼펜하우어의 말이 정신

적인 성숙을 위해 더 노력할지, 숨어버릴지, 혹은 그냥 별생각 없이 살
아갈지 고민하고 있을 청년들에게, 힘들게 노력하지 않아도 된다는 핑
계가 되지 않았으면 한다. 핑계를 대며 포기하고 싶은 마음이 드는 청
년들은 차라리 니체의 말을 기억하자.

『허물을 벗지 못하는 뱀은 파멸한다.
자신을 바꾸지 못하는 정신도 이와 마찬가지다.』

– 니체

노력함을 포기하다 : 회피성 장애

쇼펜하우어에게 기댔을 때 스스로의 나약함을 정당화할까 우려스럽
다. 조금 더 불편하고, 수고스럽고 혹은 어쩌면 고통스럽기도 한 과정
을 거쳐 지금의 자신보다 더 나은 상태가 될 수 있는데, 그 과정을 일찍
이 포기하는 것 같기 때문이다.

사실 나약해지고, 포기하려는 핑계는 딱히 쇼펜하우어뿐만 아니라,
다른 어떤 것이든 될 수 있다. 다만, 현시점에서는 쇼펜하우어가 확실
하게 그러한 기능을 하고 있다.

쇼펜하우어의 조언은 분명히 틀린 말이 아니지만 이를 잘못 받아들
이면, 특별히 노력할 필요 없이 현재 상태에 만족하는 것이 더 낫다는
식으로 받아들여질 수 있다. 물질적 상태의 나아짐을 포기할 때도 문
제가 되지만, 정신적 상태의 나아짐을 포기할 때 문제는 더욱 심각해
진다.

예를 들어 과거의 나는 지금보다 훨씬 소심하였다. 자기 의견을 피력할 줄 모르고, 항상 다른 사람의 의견을 따라가는 사람이었다. 이제 와서 돌아보면 많이 답답하고, 또 걱정스러운 청년이었다. "저래서 세상 살아가겠나?"라는 말에 해당되는 소심한 청년이었다.

돌이켜보면 당시의 나는 약한 수준에서 회피성 장애를 앓고 있었던 게 아닐까 싶다. 어느 수준까지를 회피성 성격이라고 할 수 있고, 어느 수준을 장애로 볼 것인가가 애매하기는 하지만, 확실히 내 경우 회피성 장애의 모습이 있었던 것 같다.

그래도 젊었을 때는 어떻게든 핑계를 대고 자기변호를 할 수도 있었다. 아직 경험이 부족해서 그렇다며 위로할 수 있었다. 요즈음 같으면 최근 몇 년간 인기를 끌고 있는 MBTI를 끌어들일 수도 있을 것이다. 예를 들면, "I 성향 사람들은 원래 그래. 그게 자연스러운 거야", "내향적인 사람들은 원래 사람 대하는 것에 조금 힘들어하는 편이야" 등으로 변호할 수 있다.

그러나 스스로에게 냉정해지자면, 그런 변호가 가능한 것은 20대까지라고 생각한다. 30대가 되었을 때도 나약하고 소심한 태도를 지니고 있으면 인간관계에서 손해를 보고, 피해를 보게 된다는 것을 절실히 느끼게 된다.

나름대로 노력하지 않은 것은 아니다. 20대 초반에는 소심하고 내성적인 성격에 대해서 나름대로 고민하였다. 스스로 사람을 대하는 일에 두려움을 느낀다는 것을 어렴풋하게 감지하고 있었다. 다만 병으로 보일 정도로 중증은 아니었으니, 우리 주변에서 흔히 보이는 적당히 소심한 청년의 모습이었다.

"자기 자신을 있는 그대로 사랑하라"와 같은 글귀들이 유행하던 시기였다. 어떤 맥락에서 나온 것인지는 정확히 모르겠으나, 나 자신을 굳이 억지로 바꾸려 노력하지 말고, 있는 그대로 받아들이라는 의미였다. 주변의 친구, 형, 누나들도 나에게 비슷한 조언을 해주었다. 그리고 그들도 있는 그대로의 나의 모습을 존중해 주고, 좋아해 주었다.

소심하고 어리숙한 동생, 친구를 귀엽게 봐준 것이다. 따지고 보면 당시의 사람들이 나에게 그 이상으로 무엇을 더 해줄 수 있었을까 싶다. 그 당시에는 까마득하게 커 보이던 형, 누나들도 돌이켜보면 겨우 20대 중후반이었다. 본인들도 아직 경험하지 못한 세상이 더 많은 나이였다. 또래 친구들은 말할 것도 없다. 더구나 함께 어울려 지내는 사이끼리 "너 그런 성격으로 살면, 나중에 손해 본다"고 말해줄 수도 없었다. "시간이 지나면 자연스럽게 세상살이에 적응하겠지" 생각하며 지켜봐 줄 뿐이었다.

다만, 마흔이 되어 20대의 나를 돌아서서 보니 나 자신은 그 상태에 만족해서는 안 되었던 것 같다.

"자기 자신을 있는 그대로 사랑하라"는 말은 아마도 "나라는 개성을 제대로 이해하고, 나와 개성이 다른 사람과의 비교에 지나치게 집착하지 말라"는 의미였을 것이다. 한국의 치열한 비교 경쟁 현실 속에서 개인의 자존감을 어느 정도 보호하기 위한 말이었을 것이다. "부러우면 지는 것이다"라는 말도 이때쯤에 유행했다.

여기서 조금 더 나아가자면, "자신이 완벽하지 않은 존재임을 인정하고, 자신의 단점을 정확하게 인지하자. 그래서 인간관계에서 실수할 가능성을 줄이자. 성숙한 인간관계를 하자." 등을 생각할 수 있다. 그 야말로 "너 자신을 알라"는 의미였다.

그러나 거기까지 곱씹어보지는 않은 채 "자기 자신을 있는 그대로 사랑하라"라는 말을 편하게 받아들였다. 그리고 게을러졌다. 부족한 자기 자신의 모습에 고민하지 않았고, 그냥 이대로 살아도 좋다고만 생각했다. 그렇게 생각하는 것이 편했고, 그렇게 해도 어려움 없이 살 수 있었다.

소위 마음 관성의 법칙 혹은 행동경제학에서 다루는 현상유지편향이라는 마음 상태를 스스로 작동시킨 것이다. 변화로 인해 일어날 수 있는 불안과 고통이 두려워, 현재 상태의 불만을 애써 외면하며 그대로 유지하기로 결정한 것이다. 그렇게 해도 주변에서 괜찮다고 해주었다.

『사람들은 변화하기를 원치 않으며, 이를 방지하기 위해 강력한 심리적 장벽을 세운다. '현재 상태'를 그대로 두는 것이 가장 쉬운 선택이다.』

– 리처드 탈러 & 캐스 선스타인

관성의 법칙을 깨기 위해서는 충격이 필요하다. 충격에는 고통이 따를 수 있지만 우리의 행동은 변화하게 되고, 전보다 더 나은 자기 자신으로 성장할 가능성을 얻게 된다. 나는 이 가능성을 스스로 포기한 것이다.

이제 쇼펜하우어의 말을 다시 생각해 본다. 그리고 욕망을 줄이고, 행복해지려는 욕구를 줄이자는 쇼펜하우어의 조언에서 위로받을 사람들을 생각해 본다.

지나친 욕심을 비우고 만족하는 태도에서 마음의 안정을 찾는 사람들도 있겠지만, 나처럼 결점을 극복할 용기, 또는 더 나아질 가능성을 포기하는 사람들도 있을 것이다. 쇼펜하우어에게 잘못된 방식으로 위로받아 노력하기를 포기하는 사람들, 게을러지는 사람들이 있다.

나 역시 노력하기를 일찍 포기하는 바람에 더 나은 삶을 살 수 있었는데도 그러지 못했다고 생각하기에, 같은 처지에서 고민하고 있을 청년들을 걱정한다. 그래서 두려움에 굴복하거나 편안한 상태에 만족하는 바람에 너무 일찍 노력하기를 포기하지 말라고 청년들에게 이야기하는 것이다.

노력함을 포기하다 : 착한 사람 증후군

20대 초반의 나를 냉정하게 표현하면, 나는 주변 사람들로부터 보호받는 것에 만족하고 있었다. 우리가 자기보다 한참 약한 사람을 보았을 때 동정심을 느끼고 보호해 주고 싶다고 느끼게 되듯이, 주변 사람들이 나를 대하는 모습에도 어느 정도 그러한 면이 있었다. 과장을 심하게 하자면, 연약하고 무해한 길고양이나 강아지를 보았을 때 가여워하고, 밥을 챙겨주는 사람들의 모습도 연상된다.

그러나 길고양이나 강아지는 사람들에게 여유가 있을 때나 보살핌의 대상이 된다. 만일 삶의 여유가 없다면 약한 그것들은 사람들의 화풀이 대상이 된다. 궁핍한 시절에는 먹거리로 전락하기까지 한다. 약자의 처지란 그런 것이다.

나 역시 주변 사람들이 나쁜 의도를 가진 이들이었다면 사기를 당하기 쉬운 유형이었다. 그래도 성질은 있고 덩치가 작은 편은 아니어서 괴롭힘을 당하지는 않았을 것 같지만, 맹한 성격에 사기는 잘 당했을 것 같다. 실제로 대학 1학년 때 사람을 쉽게 믿어 사기를 당한 경험이 있다.

다행히 주변 사람들은 모두 좋은 사람들이었다. 그래서 그들의 적당한 보호를 받으면서 대학 생활을 보낼 수 있었다. 그러한 상태를 편안하게 느끼고 적응해 버렸고, 계속해서 소심하고 수동적인 상태를 유지했다.

나 자신의 의견을 피력하기보다는, 다른 사람의 말을 수동적으로 따르는 사람, 누군가가 원하는 바, 혹은 시키는 바를 군말 없이 해내는 사람, 누구에게도 싫은 소리를 하지 않고, 되도록 모두에게 친절한 사람이 되었다. 그렇게 포지셔닝을 잡고 있으니 주변 사람들이 "순하다, 착하다" 정도로 표현해 주었다.

나의 어떤 가치관에 대한 평가가 아니다. 어렸을 때 교실에서 아무 말 없이 앉아 있는 조용한 학생에게 착하다고 표현해 주듯이, 다른 사람 말을 잘 듣고, 튀지 않게 행동했기에 착하다고 표현해 준 것이다. 이를 과장해서 표현하면 노예의 삶이라고 할 수도 있다. 아직 어린 시절 친한 친구들끼리의 관계이다 보니 의식할 수 없었지만, 내 삶의 형태는 노예와 같았다. 과장하자면 말이다.

주인이 시키는 바를 착실하게 따르며 살았던 조선 시대의 노비도 착하다는 평가를 받았을 것이다. 일제 강점기 일본 순사들이 시키는 바를 따르던 사람도 착하다고 평가받았을 것이다. 다시 이야기하지만, 나의 가치관이나 내면의 심지에 대한 평가가 아니다. 수동적이고 말 잘 들어 주는 상태에 대한 표현이다.

위의 비유가 조금 심하다고 느껴진다면, 나는 '착한 사람 증후군'을 겪었다고 표현할 수 있다. 뇌 과학적인 설명에서 착한 사람 증후군은 자아 개념을 조절하는 뇌의 전두피질이 과도하게 작동하면서 나타나는 현상이다. 특히, 타인에게 인정받고 싶은 욕구가 지나치게 강하게 발현될 때 이러한 증후군이 나타난다고 한다.

일본의 뇌 과학자 모기 겐이치로는 착한 사람 증후군의 주요 특징으로, 스스로에 대한 믿음 부족, 자기 의지의 약함, 그리고 타인의 평가에 지나치게 민감하게 반응하는 점을 꼽았다. 또한, 한번 '착한 사람'으로 평가받은 후에는, 다른 사람들이 설정한 기준에 맞추기 위해 계속해서 애쓰는 경향이 있다고 설명했다. 나 역시 어린 시절, 그런 모습을 보였다.

결국, 착한 사람이 되는 것이 어린 시절 내가 선택한 생존 방법이었다. 그러한 태도를 보이게 된 배경이 어떠한 것이든지 간에, 사람들을 대하는 게 어려웠던 나는 나름의 방법을 찾은 것이다. 즉 착한 사람으로 사는 것, 그렇게 약자로서 보호받으면서 사는 삶이었다.

"이렇게 살아가면 특별히 고민하거나, 노력하지 않아도 사람들과 잘 어울리면서 살 수 있구나! 다른 사람들과 싸우지 않고도 살아갈 수 있구나! 미움받지도, 미워하지도 않고 살아갈 수 있구나!"

물론, 이러한 과정을 당시의 내가 완전히 의식하던 것은 아니다. 그저 스스로가 내성적인 성격인가 보다, 요즘 표현으로 I 성향이 강한 사람인가 보다 하는 정도로만 생각했다. 그러나 나이가 들어 돌이켜보니 당시의 내가 약자로서 보호받는 삶을 스스로 선택하였다는 것을 깨달을 수 있었다.

당연하게도 이런 성격은 살아가는 데 전혀 도움이 되지 않는다. 이는 외향적이라거나 내향적이라는 문제가 아니라, 전반적으로 삶의 주체성을 잃어가는 과정이다. 이런 사람은 주변 사람의 호의와 배려가 없으면 살아가기 어렵다. 당연히 누군가와 함께하기 어려운 사람이다.

정말로 누군가의 노예, 누군가의 애완동물처럼 살아갈 것이 아니라면 말이다.

– 니체, 《선악의 저편》 중

이런 사람은 누군가의 기대에 부합해야 한다는 강박감에 스스로 마음의 병을 얻을 수도 있다. 타인이 바라는 대로 살고, 그들의 기대를 만족시켜 줘야 한다는 부담감에 계속해서 스트레스를 받아야 하기 때문이다.

이런 점을 고려하면 '스스로를 변화시키려는 욕망을 줄이는 노력은 바람직하지 않다'는 결론에 자연스럽게 이르게 된다. 이 욕망을 더욱 더 자극하고, 행동으로 옮길 수 있도록 다그쳐야 한다. 그래서 스스로가 변화할 수 있도록 계속해서 노력해야 한다. 만족이 아닌 용기가 필요한 것이다.

착한 사람 증후군을 앓던 사람이 폭력적으로 변할 때

상당히 극단적인 이야기를 해보고자 한다.

길고양이와 개가 사람의 호의를 받게 되면 적당히 유순한 동네 고양이나 개로 지내게 된다. 사람을 반기기도 하고, 어리광을 부리기도 한다. 그러나 사람으로부터 공격을 받게 되면 들로, 산으로 달아나 야생의 짐승이 된다. 그리고 다음에 사람을 만나게 되었을 때는 살기 위해 공격한다.

나의 경우처럼 천성적으로 심성이 착한 사람이 아니라, 자신의 약함을 숨기기 위해 연기를 한 사람들이라면 충분히 공격적으로 변할 수 있다. 세상을 살아가다 보면 아무래도 이리저리 치일 일이 많다. 그리고 약한 사람들은 그 표적이 되기 쉽다. 그렇게 세상사에 치이다 보면 인격이 뒤틀릴 일도 많다.

요즘은 어떨지 모르지만, 내 세대의 남자들이 처음 이러한 현상을 겪는 곳은 군대였다. 유순했던 친구들이 시간이 지나면서 뾰족하게, 혹은 더러 폭력적으로 바뀌는 경우를 볼 수 있었다. "원래 안 그랬던 사람인데, 왜 저렇게 변했지?"라고 생각할 때가 있었다.

우리 사회에서 이런 사람들의 비중이 분명히 있을 것이다. 사람들에게서 받은 상처가 겹겹이 쌓여 어느 임계점을 넘어서고, 좌절과 고통, 원망의 마음이 가장 안 좋은 방식으로 드러난 것이다. 그렇게 주변 사람들에게 언어적·신체적 폭력을 가하거나, 범죄로 표출해 내는 것이다

나 역시 안 좋은 일을 계속 당했다면 그들처럼 되었을 것 같다. 다행히 대학교 1학년 때 당했던 사기는 비교적 사소했다. 만일 그와 비슷한 일들이 인생에 걸쳐서 수차례 일어났다면 분명히 심성이 삐뚤어졌을 것이다. 인간에 대한 신뢰를 잃었을 것이다.[3] 그리고 내가 가난했다면 범죄를 저질렀을 수도 있겠다. 억울함이 쌓이면 폭력이 발생할 수 있다.

다행히 나는 물리적으로 폭력을 행사하거나 사기를 칠 정도로 삐뚤어지지는 않았다. 대신에 다른 방식으로 폭력적으로 변했다. 곧 이야

기하겠지만, 옥스퍼드라는, 스스로 권력이라고 생각하는 사회적 지위를 얻음으로써 폭력적으로 변하고 만다. 착한 척할 필요가 없어져서 폭력적으로 변한 것이다.

・・・

3 다만, 엄밀히 말해 이런 경우를 당한다면 나에게도 책임이 있다. 계속해서 사기를 당할 만큼 어리숙한 것이기 때문이다. 내가 유순하게 지내는 동안 세상이 나에게 친절할 것이라고 순진하게 믿어온 것이기 때문이다.
　　물론, 다른 사람들에게 이용당하지 않을 수 있는 사회 시스템과 분위기가 갖추어져야 하는 것은 맞다. 그러나 당사자 역시 노력해야 하는 부분이다. 어느 정도 수준은 맞추어야 하는 것이다. 현실에서 존재할 수밖에 없는 위협이나 어려움이 있는데, "나는 모르겠으니 알아서 지켜주세요. 예쁘게만 봐주세요"라는 태도로만 살아갈 수는 없다.

강자의 정신적 파산, 인격적 성장을 멈추게 된다

강자가 약자를 무시하는 태도

『아쉽게도 멍청이 수백 명은 현명한 사람 한 명을 당해내지 못한다. 멍청함의 극단에 있는 사람은 궁핍에서 겨우 벗어나 한숨 돌리기 무섭게 오락거리와 사교 모임을 찾아 나선다.』

『쇼펜하우어는 자신이 그때까지 '도덕적으로도 지성적으로도 경멸스러운 인간들이 살아가는 세계'에서 살아왔지만 향후 자신은 그들과 접촉하지 말아야 하고 더 우수한 소수자들로부터 명예롭고 귀중한 것을 발견하고자 노력하면서 타인들을 가르치고 그들의 저열한 상태를

– 헬렌 짐먼, 《쇼펜하우어 평전》 중

쇼펜하우어를 따를 때 엘리트주의적이고, 자아도취적인 생각을 무의식적으로 흡수할 수 있다고 생각한다. 쇼펜하우어처럼 명확하게 자신을 "정신적으로 뛰어난 자"라고 생각하지는 않겠지만, 다른 사람들을 "굳이 그렇게 노력해서 함께 어울릴 필요까지는 없는 사람들"로 인식하게 될 것이다. 얕잡아보고, 깔보고, 무시하는 행위가 단순히 쇼펜하우어 때문만이라고는 할 수야 없겠지만, 요즘 한국 사회의 천박한 불길에 기름을 붓는 격이다. 말하자면, 강한 촉진제 정도의 역할은 분명히 하게 될 것이다.

내가 사회성을 키우지 못한 또 다른 이유

내가 성격 바꾸기를 중단한 또 다른 이유는 사람들과 함께 어울리며 지낼 수 있는 새로운 전략을 발견했기 때문이다. 의도를 하였다기보다는 살아가는 와중에 자연스럽게 터득했다.

군 제대 후 나는 약자로서 보호를 받으며 사는 방법 이외에 강자로서 대우를 받으며 살 수도 있다는 것을 깨닫게 되었다. 약자와 강자라는 표현이 정확하지는 않지만, 어쨌든 당시 터득한 강자의 포지션을 취득하는 방법은 학점을 잘 받는 것이었다. 군 제대 후 나는 단순히 학점을 잘 받는 것을 넘어 매 학기 학과 수석을 차지하였고, 매번 장학금을 받았다.

당시 20대 초반의 대학생들에게 딱히 다른 사람들에게 비교 우위를 느낄 만한 어떤 것들이 많지는 않았다. 방학 때 해외로 배낭여행을 가거나, 아주 잘 생기거나 예쁜 사람과 연애하거나, 대기업에 취직하는 정도가 다였던 것 같다. 여기에 학점을 잘 받는 것 정도로도 나름대로 강자의 입장에 설 수 있었던 것 같다.

그렇다고 뭐 대단한 대우를 받는다는 것은 당연히 아니다. 그래봐야 학부 수준이다. 수재들이 모인다는 서울대 수준에서 경쟁한 것도 아니었다. 그러니 부모님, 주변 사람들, 친구들로부터 약간의 존중을 받는 정도였다.

노력하여 성취를 이룬 사람에게 우리는 존중을 표현한다. 같은 맥락에서 작은 성취이기는 하지만, 그래도 나름의 노력으로 결과를 이루어 냈으니 주변 사람들도 나에게 약한 존중을 표현해 주었다. 그렇게 나를 긍정적으로 설명해 주는 장점이 생기니 자신감이 생겼다. 자기효능감이 올라갔다고 볼 수도 있다.

지금처럼 모두가 학점을 관리하던 시대가 아니었다. 아직 고학점, 고스펙 경쟁이 본격적으로 시작되기 전이었고, 다른 사람들보다 조금 더 노력하면 학점을 그런대로 받을 수 있는 시기였다. 개인적으로는 목표 의식이 생긴 것이 가장 큰 이유겠지만, 본래 지니고 있던 성향의 영향도 분명히 컸다.

이 무렵의 나는 사람들과 어울리고 노는 것보다, 혼자 도서관에서 책을 보는 것을 더욱 좋아했다. 책 속의 지식이라고는 하나, 누군가가 설명해 놓은 지식을 알아가는 과정이 재미있었다.

가끔 어떻게 그럴 수 있냐고 놀라워하는 친구들도 있었지만, 나로서는 그게 더 편했다. 사람들과 어울려 노는 것은 입대 전에 이미 충분히 해봤다고 생각했고, 아주 친밀한 몇 사람을 제외하면 사람들도 그렇게 적극적으로 만나려 하지 않았다.

오히려 이 시점의 나는 '인생은 각개전투'라는 마음가짐이 있었던 듯하다. 군대에서 협동심, 단결력, 리더십 같은 것을 배워 오는 사람들도 있지만, 나의 경우는 반대였다. 어떻게 보면 나는 군 생활 동안 대학에서 텍스트를 통해서만 배우던 신자유주의식 각자도생을 상당한 수준으로 체화했다.

'결국, 자기를 책임져 주는 것은 자기 자신뿐이다.'

'혼자 힘으로 성공해야 한다.'

'내가 가장 중요하다.'

이런 유의 생각을 하게 된 것이다. 20대의 내가 쇼펜하우어를 읽었다면 틀림없이 고립을 선택했을 것이라고 생각하는 이유다.

구분 짓기를 시도하였던 나

그리고 학점을 잘 받기 시작하면서 스스로를 다른 사람들과 구분 짓기 시작한 것 같다. 그렇게 해서 내가 행복해질 수 있었다. 우리가 익히 잘 알고 있는 비교 우위에서 오는 행복감이다.

다만, 학부 수준에서 학점 잘 받는 것 정도로 그렇게까지 기쁠 일은 아니었기 때문에 나의 구분 짓기의 정도도 그렇게 크지는 않았던 것 같다. 그러나 옥스퍼드에 합격하고 나서는 스스로를 다른 사람과 구분 짓는 경향이 점점 짙어졌다.

스스로 분명하게 의식하지는 못했지만, 쇼펜하우어만큼은 아니더라도 다른 사람들보다 내가 더 뛰어나다고 생각하기 시작했다. 차이점이 있다면 쇼펜하우어는 기분이 다소 나쁠지언정 반박하기 어려운 사실이고, 나의 경우는 재수 없는 착각이라는 것이었다.

엘리트 의식이 꼭 나쁜 것은 아니다. 여기서 자세히 이야기할 것은 아니지만, 개인적으로는 옥스퍼드 정도나 갔으면 그런 의식을 어느 정도 가져야 한다고 생각하는 편이다. 어쨌거나 다른 사람들보다 뛰어난 능력으로 많은 것들을 성취할 수 있는, 혹은 이후 그럴 가능성이 있는 위치에까지 올라갔으니, 일정 정도 무게감을 느끼는 것이 맞다.

다만 자신의 권위를 다른 사람들을 위해 사용하느냐, 아니면 단순히 다른 사람과 자신을 구분 짓고 잘난 척하기 위해 사용하느냐의 차이일 것이다. 최악의 경우가 나처럼 실력도 없으면서 잘난 척하는 경우다.

어쨌든 옥스퍼드에 합격한 뒤 나는 사람들과의 관계를 더 수월하게 생각했던 것 같다. 노력으로 약간의 성취를 이루었고, 앞으로 더 큰 성취를 이룰 가능성도 있었다. 이 정도면 자신감을 가질 만했다.

그러나 본질적으로 주변 사람들이 나를 더 존중해 주었기 때문이다. 나는 다른 사람의 눈치를 볼 필요가 없어지기 시작했다. 다른 사람들과 크게 부딪힐 일도 없었고, 사소한 실수나 잘못을 해도 누군가 지적해 주지 않았다.

내가 잘못한 경우라도 주변에서 그냥 그러려니 넘어가 주는 경우가 많았다. 아주 간단하게 말하자면 "공부 잘하면 됐지"라고 넘어가 주는 경우도 있었고, 농담 삼아서라도 "앞으로 잘 될 친구인데, 우리가 잘해야지"라는 반응도 있었다.

심지어 옥스퍼드에서 박사 진학을 실패했을 때도 마찬가지였다. "그래도 뭔가 잘 되겠지", "나중에 잘 될 가능성이 있겠지" 하는 마음이 있었기 때문에 주변에서 여전히 나를 적당히 대우해 주었다. 지금과는 달리 아직 학벌의 영향력이 큰 사회였다는 것을 감안하자.

이러한 환경이다 보니 유순한 성격을 바꾸려던 고민을 완전히 잊어버리게 된다. 그럴 필요가 없어졌기 때문이다.

20대 중반이면 아직 많은 부분에서 배워나가야 할 때이다. 따지고 보면 하기 싫어도 억지로 배우게 되는 단계이기도 하다. 갓 취업하여 막내 생활을 하면서 주변 사람들의 눈치를 보며 인간관계나 조직 생활을 배워나갈 때이다. 사수의 눈치를 보고, 선배들에게 혼나기도 하고, 억울한 일을 경험하기도 하다 주위의 위로를 받으면서 함께하는 법을 배워나갈 때이다. 자기 사업을 하는 경우도 마찬가지일 것이다.

그러나 나에게는 그런 과정이 생략되었다. 기본적으로 학교와 직장이라는 환경의 차이가 있다. 여기에 외국 대학에서 석사 유학생은 일단은 교육 서비스의 구매자에 가깝다. 그 나름의 고충과 어려움이 있고 또 높은 단계로 가면 결국 인간관계가 중요하다는 것은 똑같지만, 일단 석사 수준에서 학교생활의 어려움은 생업의 현장에서 느껴지는 치열함과는 살짝 다른 결을 가진다.

그러니 다른 사람 눈치 보지 않고, 오히려 그들이 내게 적당히 맞추어주는 것에 대한 만족감에 스스로 노력하기를 멈춰버린다는 것은 스스로 사회화되기를 어느 정도 포기한 것과 같다.

그렇다면 나는 다른 사람들과 잘 어울리기 위해서 계속해서 성공했어야 했다. 어쨌거나 일정 수준 이상으로 성공한 사람은 그에 준하는 사회의 존중이 따라오기 때문이다. 노년기의 쇼펜하우어가 그러했듯, 잘난 사람에게는 그만큼 대우해 주는 것이 세상이기 때문이다.

그러나 혹시나 내가 성공하였다고 하더라도, 나는 갑질하는 사람이 되었을 가능성이 높았다. 석사 수준이기는 하였지만, 과거의 나는 그 변화의 과정을 밟아가고 있었기 때문이다.

이에 대한 이야기를 하기에 앞서, 잠시 전 직장에서 경험하였던 일을 소개하고자 한다.

사회적 권력 휘감기: 총장실씨

대학교에서 교직원으로 근무할 때의 일이다. 그날 나는 밀린 업무를 하느라 근무 시간을 초과해서 근무하고 있었다. 사무실에는 나 이외에 밀린 업무를 처리하는 다른 동료 한 명만이 남아있었다. 근무 시간이 끝난 상태였기 때문에 사무실 문은 닫아둔 채, 각자 일에 집중하고 있었다.

그때 노크도 없이 누군가가 사무실 문을 벌컥 열고 들어왔다. 그리고는 별다른 인사 없이 주변을 둘러보았다. 본인이 찾고자 하는 사람이 없으니 그때야 자신을 소개하고 우리에게 동료 직원 ○○○이 있냐고 물어보았다. 이미 퇴근하고 없었기 때문에, 우리는 해당 직원이 없다고 알려주었고, 그분은 곧 사무실을 나갔다.

이때 사무실에 들어온 그분이 스스로를 소개하는 방식이 재미있다. 그분은 자신을 총장실이라고 소개했다. "나 총장실인데. ○○○ 있어요?"라고 말이다.

그 순간 직장 동료와 나는 모두 위화감을 느꼈다. 고의는 아니겠지만, 어느 정도 고압적인 태도가 느껴졌기 때문이다. 형식상으로 존대하기는 했지만, 하대하는 것과 같은 말투. 콕 집어서 무례하다고 표현하기는 애매한데, 묘하게 아래 사람을 대하는 태도가 느껴졌다.

문제 삼을 정도는 아니지만, 기분 나쁘게 받아들일 수도 있는 정도였다. 내가 예민하게 군 것일 수 있어 그냥 넘어가려 하였지만, 같은 감정을 느낀 동료가 먼저 말을 꺼냈다.

만일 정상적이었다면 이렇게 진행되었을 것이다. 운영 시간 외 불 꺼진 사무실을 방문하는 사람이 노크를 먼저 하고 들어온다. 그러고는 자신을 소개한다.

"총장실에서 온 〇〇〇입니다. 혹시 〇〇〇 직원이 있을까요?" 하면서 말이다.

그러나 사무실로 찾아온 직원은 그러지 않았다. 문을 벌컥 열고 들어와서는, 아무 말 없이 제 볼일부터 보았다. 그리고 자신을 총장실이라고만 소개했다.

동료와 함께 이야기하며 웃어넘겼다.

"성은 '총'이고, 이름이 '장실'인 사람인가 보다."

"요즘도 저런 사람이 있구나, 나이도 우리와 차이 안 나 보이는데" 하면서 말이다.

대학교라는 근무 환경에 익숙해지다 보니 직장 생활에서 으레 있을 수 있는 일에 예민해진 것인가 싶었지만, 직장 동료 역시 기업에서 10년 가까이 근무하고 온 사람이었다.

사례별로 다르기는 하지만 요즘은 형식적으로나마 서로 예의를 갖추고, 조심하려는 분위기가 형성되어 있다. 이제는 예전처럼 서로를 직급으로 구분하지도 않고 "〇〇 프로님"이나 "〇〇님" 정도로 부르는 경우도 많다.

당연히 예전만큼 위계적이지는 않다. 더군다나 다른 부서 사람에 대해서 지켜야 할 예의가 확실히 있다. 그런데 사무실을 방문한 직원에게서는 그런 모습이 부족했다. 확연히 나이나 직급이 높아 보이면 또 그러려니 하겠는데, 같은 나이 또래로 보이니 당황스러웠다.[4]

우리도 이런 모습을 알 것이다. 각자의 직장에서 이와 비슷한 경험을 수없이 했을 수 있다. 혹은 드라마에서 이제는 거의 클리셰에 가까운 상황들을 통해 익숙해져 있다. 명품 매장에서 근무하는 직원들이 수수한 옷차림으로 방문하는 손님들을 은근히 무시하는 듯한 장면을 본 적 있을 것이다. 그런 영상의 댓글에는 어김없이 "명품 매장에서 근무하더니 명품 브랜드와 자신을 동일시한다"라면서 드라마 속 직원들에 대한 비판이 많이 달린다. 자신의 것이 아닌 권위를 몸에 휘감았다고 표현하곤 한다.

조금 넘겨짚어 생각해 보면, 나와 직장 동료와 마주한 총장실의 그분도 아마 같은 맥락에서 이해될 수 있다. 총장실에서 근무하니, 어느 정도 총장실의 권위와 자신을 일치시킨 것이다. 적어도 직장 내에서는 말이다. 그러니 자신을 "총장실"이라고 소개했을 것이고, 인사도 없이 문을 벌컥 열고 들어와 자신의 용무부터 보려고 했을 것이다.

• • •

4 물론 따지고 들자면 사무실을 방문한 직원을 변호할 것은 많다. 나이는 비슷해 보여도 직장에서 근무한 연차는 훨씬 높을 수도 있다. 이런저런 배경에 급하게 업무 처리를 하는 중이었다고 가정해 보면 충분히 그럴 수도 있다고 생각한다. 바쁠 때는 또 서로 이해해 줘야 하니 말이다. 그러나 역시 좋은 것은 아니라고 생각한다.

사회적 권력 휘감기 : 옥스퍼드씨

직장 동료와 함께 있을 때는 웃으며 넘기기는 하였지만, 그런데 사실 내게는 그때의 총장실 직원을 비난할 자격이 없다.

사실 나 역시 과거 비슷하게 행동했던 경험이 있다. 심지어 훨씬 더 심했다. 총장실 직원의 경우 바쁜 와중 부지불식간에 새어 나온 태도라고 변명할 수도 있지만, 내 경우는 그러지도 못한다. 직접적으로 상대방을 부정하고 무시했기 때문이다.

나는 지인에게 "내가 옥스퍼드인데!"라고 말한 적이 있다. 총장실씨처럼 나 스스로도 '옥' 씨 성에, '스퍼드'가 이름인 사람으로 변하고 말았다.

지인과 이야기하다 의견에 차이가 발생했을 때였다. 나는 책 속에서 얻은 지식을 바탕으로 이야기했고, 지인은 현실 속에서 일어나는 일들을 바탕으로 이야기했다. 그리고 대화가 진행될수록 내가 틀렸고, 지인의 말이 맞다는 것이 확인되었다. 내가 알고 있던 지식은 오래전의 과거를 설명하는 것들이었고, 현실과는 맞지 않았다. 이야기가 깊어질수록 인정할 수밖에 없었다.

그렇다면 내가 취해야 할 행동은 분명하다. 내 생각이 틀렸고, 상대의 생각이나 판단이 옳았음을 인정해야 한다. 부족한 부분을 알려준 것에 대해서 감사를 표할 수 있어야 하고, 나의 좁은 생각을 피력하는 와중에 상대방에게 무례했다면 거기에 대해서도 사과할 수 있어야 한다. 그것이 성숙한 사람의 태도다.

심지어 지인은 나보다도 나이가 훨씬 많은 분이었다. 젊은 청년이 책 속의 지식은 알아도, 현실 속의 이야기는 잘 모르고 있다고 생각해서 좋은 뜻에서 짚어주고자 함이었다. 그러니 더욱더 예의를 갖추고, 부족한 부분을 채워줌에 감사함을 표해야 하였다.

그러나 나는 그러지 않았다. 자존심을 부렸다. 내가 틀리지 않았다고 억지를 부렸다. 그러다 설득력이 점점 떨어지자 종국에는 "내가 옥스퍼드인데"라고 말한 것이다. 그건 "내가 옥스퍼드에서 공부했고, 그래서 더 많이 배웠고, 더 많이 알고 있다. 너는 얼마나 많이 배웠느냐. 얼마나 학벌이 좋으냐. 왜 나한테 틀렸다고 하느냐" 등등의 의미를 내포하고 있었다. "나보다 좋은 학교에서 못 배웠으면, 그냥 가만히 내 이야기를 듣기만 해라"라는 뜻을 담고 있었다.

이 말은 "나 총장실인데"와는 비교할 수 없을 정도로 더 강한 폭력성을 띠고 있다. 맥락과 말의 뉘앙스에 따라서 의미가 조금 순화될 수 있다고는 하지만, 분명히 폭력적이었다. 동시에 훨씬 더 폭력적으로 변할 수도 있었다. 좋은 의도로 나의 부족한 부분을 알려주려 하셨던 상황을 감안하면, 내 행동은 상대적으로 더 폭력적이었다고 할 수 있다.

어쩌고저쩌고 변명할 수 있겠지만, 결국 상대적으로 높은 학력을 권위 삼아 상대를 무시한 것이다. 이것을 부정할 수는 없다. 내가 나 이상의 학력, 혹은 동등한 수준의 학력을 가진 사람에게도 같은 태도를 보였을지 되물어보면, 아닐 것이라는 대답이 나온다.

결국 학력으로 상대방을 무시한 것이다. 직접적으로 내가 상대를 무시한다는 뉘앙스는 주기 싫어서, 옥스퍼드라는 이름으로 뭉개서 말한 것이다. 총장실이라 말하면, 대강 알아서 어떤 사람인지 짐작하고, 빠릿빠릿하게 대우해달라고 기대하는 것처럼 말이다. 부끄러운 일이다.

물론 옥스퍼드라는 이름을 당당하게 사용하고, 그에 맞는 실력과 인품을 가지려고 노력하는 사람들도 있다. 자신의 권위를 정당하게 활용하여 다른 사람을 돕고, 세상에 도움을 주고자 하는 많은 사람들이 분명 있다.

그러나 나는 부족한 실력을 포장하고, 다른 사람을 무시하는 용도로만 사용하였다. 정작 실력은 부족하면서, 다른 뛰어난 사람들이 이루어낸 성취와 권위를 이용하려고만 하였다.

옥스퍼드씨의 뇌에는 어떤 변화가 일어난 것일까

옥스퍼드와 나 자신을 동일시한다는 것은 대단히 비정상적인 일이다. 심리학을 전문적으로 공부하신 분들은 나의 행동을 더 잘 설명하실 수 있을 것 같지만, 먼저 떠오르는 것은 특정 브랜드와 자기 자신을 동일시하는 과정이다.

우리가 익히 들어 알고 있듯이 자존감이 낮고, 본인이 가진 것이 없을수록, 그리고 실력이 부족할수록, 자신이 가진 물건, 자신이 속한 조직 따위와 스스로를 동일시한다. 주로 명품을 구입하면서 스스로를 명품과 동일시하는 사람들, 혹은 회사에서 실적이 낮은 사람이 "내가 ㅇㅇ 졸업했는데"라며 자존심을 챙기는 등의 모습을 지적할 때 가장 많이 인용되는 현상이다.

나의 경우가 딱 그랬다. 애초에 실력이 부족한 가운데, 그 부족함이 드러나고 싶지 않아서, 옥스퍼드와 나 자신을 동일시한 것이다. 옥스퍼드라는 이름이 대변하는 역사 속의 성취와 권위가 있는 만큼, 나의 지식에 의문을 제기하지 말라고 했던 게 아닐까 싶다. 그렇게 생각하면 설명이 가능하다.

그런가 하면 뇌 과학적인 관점에서도 설명이 될 수 있다. 뇌 과학자 이안 로버트슨은 《승자의 뇌》에서 인간의 뇌는 권력을 맛보게 되면 자기 자신도 모르는 사이에 변화한다고 설명한다. 마치 마약에 중독되듯이 권력에 중독되어 더욱더 큰 승리감을 갈구하도록 변한다는 것이다.

심지어는 실제 권력이 아니라, 자신이 권력을 가지고 있다고 상상하는 것만으로도 공감 능력이 떨어지고, 다른 사람의 감정이나 상황을 배려하는 능력이 크게 떨어진다고 한다. 권력을 지니면 다른 사람의 눈치를 살필 필요가 줄어들고, 이에 따라 이해·공감·배려를 담당하는 뇌의 기능들이 계속해서 퇴화한다. 이런 면에서 보면 권력을 가진 사람들이 오만해지는 것 자체는 일정 정도 인간의 자연스러운 본성이라 할 수 있다.

『어떤 사람의 뇌에서 권력과 관련된 생각들이 순간적으로 활성화되는 것만으로도 그 사람의 통제 감각은 증가했다. 심지어 그 통제가 한낱 상상에 지나지 않을 때조차도 마찬가지의 결과가 나왔다. 권력은 근본적인 동기로 작동하는데, 과거에 경험했던 사소한 권력 행사의 기억이나 인위적인 상황에서 수행하는 일시적인 권력 행사만으로도 그 사람의 인생관을 상당한 수준으로 바꿀 수 있다. 이 과정에서 그 사람의 낙관성과 자존감이 높아지기도 한다.』

— 이안 로버트슨, 《승자의 뇌》 중

나의 행동 역시 이와 같이 설명 가능하다. 옥스퍼드에서 공부한 2년 동안 나의 뇌는 빠르게 망가졌다고 할 수 있다. 겨우 석사 정도로 권력을 가졌다고 표현할 수는 없지만, 이를 바탕으로 성취해 나갈 미래 권력을 스스로 상상하면서 망가졌다고 볼 수 있다.

한편, 나의 상상력은 주변 사람들의 영향으로 더욱 쉽게 커지기도 했다. 옥스퍼드 석사에 합격했을 때 학부 지도 교수님께서 해주셨던 말씀이 생각난다.

"너는 이제 미래는 크게 걱정하지 않아도 되겠다."

훗날 박사 과정까지 하게 되었을 때 현실적인 상황을 고려하여 말씀해 주신 것이겠지만, 어쨌든 주변에는 지도 교수님처럼 나의 성공 가능성에 무게를 두고 말씀해 주시는 분들이 많았다. 그리고 나는 그들의 짐작과 기대, 그리고 그저 듣기 좋으라고 하는 이야기들을 흡수해 간 것이다. 어떻게 보면 자아 형성의 자연스러운 과정이기는 하다. 주변 사람들이 제공하는 이미지들을 통합해 나가는 것이었으니 말이다.

뇌 기능의 변화로도 설명할 수 있다. 인간은 권력을 가지게 될 경우, 자신이 상황을 통제할 수 있다는 강한 믿음을 가지게 된다고 한다. 성공을 한번 해보았으니 다음번에도 틀림없이 원하는 바를 이루어낼 수 있다고 믿게 된다. 이는 뇌에서 분비되는 화학물질의 변화 때문으로, 뇌 우반구 전전두엽에서 생성되는 상황에 대한 경계와 감시, 우려 등의 역할을 하는 노르아드레날린의 분비는 줄어드는 반면, 목표를 설정하고 그것을 밀어붙이는 능력, 그리고 목표가 달성했을 때의 기쁨을 기대하게 하는 도파민은 과도하게 분비되기 때문이다. 권력에 중독된 사람이 주변 상황을 보지 않고, 자신의 성공을 믿어 의심치 않으며 경주마처럼 목표만을 향해가는 것은 이러한 이유 때문이다.

주변 사람들이 해주는 듣기 좋은 말과 함께, 스스로의 뇌 속에서 일어나는 이러한 변화들로 인해 나 역시 변해갔을 것이다. 의식적으로는 한국식으로 교육받은 대로 혹은 착한 척 연기하던 습관대로 겸손으로 자신을 포장했을지라도, 무의식의 차원에서는 "나는 성공할 사람이야", "이전에도 성공했고, 주변 사람들도 그렇게 응원해 주고 있잖아"라는 마음을 키워갔을 것이다.

여기에 유학 시절 만난 미국인 교수님이 해주신 이야기도 기억난다. 노동자 계급 가정환경에서 자란 교수님은 노동 운동에 관심이 많으셨다. 그리고 하버드 대학에서 학부 생활을 했을 때, 같은 하버드생 여자 친구에게 자신의 배경, 그리고 노동자 계급 사회에 대한 관심사를 이야기해 주셨다고 한다. 이때 여자 친구의 반응이 다소 충격적이었다고 했다. "너는 하버드에 들어왔으니 지금부터 그런 생각은 하지 않아도 돼"라고 말했기 때문이다.

하버드에 다니는 사람들과 그렇지 못한 사람들의 삶을 구분하여, 앞으로 섞일 일이 없는 것처럼 만든 것이다. 말하자면 나름대로 적당히 권력에 취해 다른 사람들을 보지 않기 시작하는 것이다.

그리고 당시에는 나 역시 그렇게 변화하고 있었다. 어쩌면 내 경우에는 스스로가 가지고 있었던 열등감의 영향도 있었을 것이다. 성공의 사다리에서 위쪽으로 올라가려는 욕망, 그러나 현실적으로 나에게는 그러한 실력이 없다는 인식, 또 당시 한국 사회에서 성공의 1단계에 해당하는 대학 입시에서 만족할 만한 성과를 거두지 못했다는 열등감이 있었다.

그러니 운 좋게 들어간, 석사라는 얼마 되지도 않는 성취가 상당히 크게 다가왔을 것이다. 그래서 그렇게 빠르게 망가질 수 있었을 것이다.

니체가 지적한 유형이라고 해야 할까. 강한 자의 영광에 기생하면서, 스스로 강하다고 믿는 어리석은 사람의 전형이 바로 나였다. 옥스퍼드에 아주 잠시 머물렀다고 해서 내가 옥스퍼드만큼 뛰어난 것이 결코 아니다. "옥스퍼드 대학교에서 공부했었다"는 사실에 걸맞은 실력과 인성을 갖추고 또 그에 걸맞은 성과를 내었을 때, 비로소 "그래도 부끄럽지 않을 정도로 노력했다"고 이야기할 수 있는 것이다.

나는 이러한 점에 대해서 충분히 생각하지 않았다. 그저 부지불식간에 스스로가 권력에 중독되도록 허락하고 말았다. 아주 작은 수준의 성취도 이루지 못한 채, 그저 옥스퍼드에 잠시 있었다는 이유만으로 말이다.

아무 성취도 없이, 그저 거대한 이름 곁에 있었다는 이유만으로 스스로까지 거대하다고 믿는 다른 많은 어리석은 사람들처럼.

인격의 사기꾼이
될 수도 있다

『최대한 빨리 수정해야 할 점은 나 자신을 특별하게 생각하는 허영이다. 모든 사람을 나와 비교한다. 나보다 열등하다고 생각하면 가차 없이 '평범'이라는 꼬리표를 붙여버린다.』

그래도 말년의 쇼펜하우어는 자신의 인격적 결함을 인식하고 있었고 이것을 개선하려고 노력은 한 것 같다. 비록 잘 이루어낸 것 같지는 않지만 말이다. 그렇다면 우리는 어떠한가? 우리가 스스로의 인격적 결함을 충분히 인식하고 그것을 고치기 위해 노력하고 있는가? 스스로의 결함을 인식하지 못한 채 "나는 문제없다"라고만 생각하고 지낸다면 우리는 인격의 사기꾼으로 성장할 것이다.

인격의 사기꾼

"스스로가 다른 사람들보다 잘났다"는 생각들을 오롯이 의식하고 있었던 것은 아니다. 어쩌면 모두 무의식의 차원일 것이다. 오히려 평소에 나의 적당히 소심한 성격과 한국식으로 훈련받은 겸손을 갖추면 나의 인성적 문제점은 다른 사람들에게 잘 드러나지 않게 된다. 다들 그렇듯이 평상시에는 다른 사람과 부딪힐 일도 별로 없다.

그렇기 때문에 더욱 무서운 것이다. 스스로 자신의 상태를 의식하고 있다면 최소한의 경계는 할 수 있다. 그런데 무의식의 상태가 지속되면 나 자신마저도 속일 수 있다. 그리고 그 과정에서 스스로를 다른 사람보다 뛰어나다고 생각하는 망상은 계속해서 커지고, 그만큼 오만하고 무례해질 수 있다. 그때 나는 사회적으로 위험한 사람이 된다. 겉으로 보았을 때 그렇게 보이지는 않지만 사실 언제든지 폭력적으로 변할 수 있는 사람이기 때문이다.

잘 생각해 보자. 고작 자기주장의 설득력이 떨어지는 것 정도로도 나보다 나이가 많은 어른에게 폭력적으로 변하였다. 요즘 말로 '자존심이 살짝 긁힌' 정도로 다른 사람을 무시하게 된 것이다. 어쩌면 나의 성격이 더 나빴거나, 상대방을 해할 수 있을 물리력이 있었다면 더욱 위협적으로 변했을지도 모른다.

깡패들과는 다른 면에서 사기꾼들이 위험한 이유는 사기를 당하는 입장에서 예상하고 대비하기가 쉽지 않기 때문이다. 행동이 껄렁껄렁하여 물리적으로 위협이 느껴질 경우, 우리는 최소한의 경계를 하고 조심하게 된다.

그런데 사기꾼에게 당할 때, 대개 우리는 상대방이 선량한 마음씨를 가지고, 신뢰할 수 있는 사람이라고 생각한다. 그러다 어느 순간 막대한 금전적 손해를 보게 된다. 대비하기가 어렵다는 점에서 이쪽이 훨씬 더 위험하다.

어찌 보면 내 경우에는 인성적인 면에서 사기꾼이 된 셈이다. 옥스퍼드에서 공부했었다는 사실에서 기대되는 최소한의 지성과 인품, 겉으로 보았을 때 유순해 보이는 성격 때문에 괜찮은 사람일 것이라 예상하고 있을 때, 그 예상을 뒤엎고 상대에게 폭력을 휘두르기 때문이다.

여기에 사기꾼은 최소한 자기가 나쁜 의도로 상대방에게 접근한다는 것을 스스로 인지라도 하고 있지만, 내 경우에는 그렇지도 않다. 나는 여전히 뛰어난 사람이고, 좋은 사람이라는 생각하기 때문에, 스스로의 잘못을 인식하지 못한다. 나의 의도를 곡해한 상대방만 나쁜 사람이 되는 것이다.

이런 사람이 교수나 선생님이 되면 어떻게 될까? 학생들의 질문을 여유 있게 받아들이지 못하고, 대단히 권위적인 사람이 될 것 같다. 학생들 중에는 호기로운 학생이 있을 수도 있고, 순수하게 궁금증이 해소되지 않아 질문을 더 하는 학생들이 있을 수 있다. 반대 의견을 충분히 표시할 수 있다.

그러나 그때 나와 같은 사람들은 학생들을 아우르고, 격의 없이 소통할 수 있는 교수가 되지는 못할 것이다. 관계에서 긴장이 생길 때 문제의 원인을 항상 학생에게서 찾으려고만 할 것이다.

비단 교수와 학생 간의 관계에서뿐만 아니라, 직장 동료라든지 삶의 많은 관계에서 문제가 될 수 있는 부분이다. 아마 내가 의식하지 못해서 그렇지, 혹은 누군가가 굳이 짚어주지 않아서 그렇지, 직장 생활이나 친구 관계 혹은 일상에서 이미 이러한 비슷한 사고 구조 탓에 많은 잘못들을 저질렀을 것이다.

사실 나는 젊었을 적에 쇼펜하우어를 읽지 않았다. 그렇지만 쇼펜하우어의 단점을 꽤 닮아있었다. 사람들과 어울리기를 힘들어하고, 어울리더라도 그들과 함께 교류하기보다는 "나의 뛰어남을 계속 확인하고 구별하는 관계"를 오래 유지하였기 때문이다. 그 결과 나는 어느 순간 인성의 사기꾼이 되어버렸다.

바로 이러한 이유에서 여러분도 쇼펜하우어의 조언을 조심해서 받아들여야 한다고 계속 강조하는 것이다.

물론, 계속해서 강조하듯이 함께 어울린다고만 해서 문제가 자연스럽게 해결되지는 않는다. 그 안에서 여러 일을 경험하고, 사람들과 다투고, 반성하고, 또 함께하는 즐거움을 느끼면서 성찰할 수 있어야 한다.

이것은 개인의 노력이다. 여기에 때때로 자신의 잘못을 지적해 줄 수 있는 어른이나 친구, 또는 이웃들이 있다면 그것은 개인의 복이다. 충고와 조언을 받아들이고 흡수하여 변해가는 것은 또 개인의 노력이다.

그러나 쇼펜하우어의 고독은 이 모든 가능성 자체를 현저하게 낮추어 버린다.

스스로 착하다고 생각하였지만, 비겁했던 나

『누군가는 착한 사람이라 생각되지만, 그는 단지 자신의 약함을 감추고 있을 뿐이다.』

— 니체, 《도덕의 계보》 중

누군가를 착하다고 평가하는 것은 대개 "나에게 얼마나 잘해주느냐" 정도로 평가된다. 그래서 모든 사람에게 착하게 행동한다는 것은 비굴해지거나, 비겁해진다는 것과 연결되기 쉽다. 최소한 줏대 없는 사람이 된다. 앞서 이야기했던 착한 사람 증후군의 문제점들이다.

스스로 착하다고 생각했던 나는 비겁한 사람이었다. 어렸을 때는 그것이 순한 것으로 표현되었지만, 나이가 들어가면서 무능력 혹은 비겁하다는 단어에 더 가까워졌다.

올바르다는 것은 가치관에 의한 것이다. 각자가 올바르다고 생각하는 기준은 다를 수 있다. 상황에 따라서는 어느 정도 그 기준이 모호해질 수도 있지만, 기본적으로 근거를 가지고 생각과 행동을 한다. 나의 행동을 좋아하는 사람이 있을 수도 있고, 싫어하는 사람이 있을 수도 있다. 그러나 어찌 되었든 다른 사람이 어떻게 생각하는지는 상관없이 스스로의 판단으로 행동하게 된다.

이것이 착한 사람과 올바른 사람의 차이다. 그리고 결국 나는 올바르게 행동하는 사람이 아니라, 착한 척하며 비겁하게 행동하는 사람이었다. 이와 관련된 이야기를 해보려 한다.

어느 기업에서 계약직으로 일할 때의 일이다. 프로젝트 진행을 위해 계약직으로 고용되었고, 함께 고용된 다른 사람들도 제법 많이 있었다. 함께 고용된 동료들 중에는 이제 막 서른으로 넘어가던 친구도 있었는데, 어느 정도 사교성 면에서 모가 나 있는 친구였다. 동료 직원들과 원활하게 소통하지 못했고, 근무 태도에 있어서 조금씩 문제가 될 만한 행동을 하는 친구였다.

이제는 시간이 많이 지나 그 친구의 행동이 정확히 기억이 나지 않지만, 당시에 동료 직원들은 그 친구를 조금씩 기피하기 시작했다. 눈에 띄게 따돌림을 당하는 것까지야 아니었지만 "굳이 함께 어울려서 좋을 것이 없다"라는 평판이 동료들 사이에서 생기기 시작했다. 모두 본능적으로 느낀 것이다.

그 와중에 나는 이 친구를 챙겼다. "챙겼다"라는 표현이 조금 이상하기는 하지만, 어쨌든 너무 겉돌지 않도록 배려해 주었다. 예전의 내 모습이 생각나기도 했고, 또 여전히 같은 부류라고 생각했기 때문일 것이다. 나 역시 항상 주변 사람들로부터 배려를 많이 받는 편이니 말이다.

그리고 누군가에게 좋게 평가받을 수 있는, 적당히 착해 보이는 행동을 하는 것에 익숙했기 때문이다. 겉도는 사람 챙겨주는 정도가 그에 딱 맞는 역할이었다. 그럴 의도는 아니었는데 시간이 지나 보니 이 친구와 대화를 나누는 사람이 나밖에 없는 상황이 되어있었다.

그런데 얼마 지나지 않아 이 친구가 회사에서 해고되는 일이 생겼다. 정확한 사유가 기억나지는 않지만, 업무 태도에 관한 것이었다. 그 친구 입장에서는 다소 억울함을 느낄 수도 있는 상황이었던 것으로 기억한다. 더구나 한 번 그런 식으로 해고되면 나쁜 평판이 남기 때문에, 동종 업계에서 일하는 데 불리하게 작용할 수도 있어 더 분해할 만했다.

그러나 사유가 된 행동 하나만으로 해고된 것은 아닐 것이다. 관리자 입장에서 쭉 지켜보다 마음에 안 드는 것들이 하나하나 쌓여서, 결단을 내려야겠다는 시점에 이르렀을 것이다. 문제의 위험성이 있어 보이면 구실이 있을 때, 쳐내야 하는 것이 회사 측의 입장이다. 제3자의 입장에서도 다소 애매한 면이 있었지만, 해고되는 것이 수긍은 되었다. 주변의 다른 동료들 역시 그렇게 생각했다.

어쨌든 그 친구가 해고되던 날 고민했다. 따로 불러서 저녁이라도 함께 먹으면서 이야기해 주어야 하는 것은 아닌가 하고 말이다.

"너는 잘 모르겠지만, 사실 옆에서 다른 사람들이 보기에는 네 행동에 문제가 될 만한 것들이 있었다."

"다른 곳에 가더라도 같은 방식으로 행동하면 문제가 될 수 있다."

이런 유의 말을 해줄까 잠시 고민했다. 마지막으로 주고받은 문자에서 그 친구도 저녁 한 번 먹었으면 하는 뉘앙스를 보이기도 했다.

마음 같아서는 소주 한잔하면서 대화할 수 있었다. 적당히 불평불만 등 들어줄 것은 들어주고, 조언도 해줄 수 있었다. 나이가 더 많기도 하고, 유일하게 이야기를 들어주던 사람이었으니 저녁도 사고, 술도 사는 상황에서 적당히 이야기해 봄직했다.

물론, 경험상 그 자리에서 이야기를 해주었다고 해도 그 진심이 제대로 전달되지 않았을 확률이 높다. 이야기는 들으려 하지 않고, 자신의 억울함만을 호소하고 분노만을 표현했을 수도 있다. 결국 "마음 잘 추스르고, 다음에 한 번 식사하자"는 문자만 주고받고는 그 친구와 만나지 않았다.

하지만 돌이켜보면 그에게 조언해 주었어야 했다. 오지랖이나 꼰대 짓으로 보이더라도 일단은 이야기해 주었어야 했다. 그렇다고 그의 행동이 바뀔 것은 아니지만 혹시 다른 곳에서 비슷한 경험을 하게 되면, 그때는 내 말을 기억하게 될지도 모르니 말이다.

스스로의 문제점을 파악하지 못하면, 다음 직장에서 또 같은 잘못을 할 것이다. 그러면 또 직장을 잃게 될지도 모른다. 입지는 계속해서 줄어든다. 같은 일이 반복되었을 때 자기반성을 할 수 있으면 다행이지만, 반대로 사회에 대한 원망으로 이어질 수도 있다. 분노가 쌓여 좋지 않은 방법으로 표현될 수도 있다.

다행히 퇴근길에 혼자서도 고깃집에 들어가 저녁을 먹을 만큼 집안 형편이 좋은 것 같으니 아주 절망적인 상황으로 떨어질 일은 없었을 것 같지만, 어쨌든 최악의 경우 다른 사람에게 손해를 끼치는 것이다.

내가 모르는 척을 한 이유는 귀찮고 피곤했기 때문이다. 직장 내에서 제대로 대화를 한 사람이 나였다는 것이지, 나 역시 그와 친밀했던 것은 아니었다. 그래서 핑계를 만들어내었다.

"군대도 다녀오고, 서른 가까이 되었는데 저렇게 행동하는 사람에게, 내가 이야기한들 전달이 되겠냐. 저 친구도 어른인데 말하기도 쉽지 않다"는 마음이었다. 그런가 하면 "나도 빨리 집에 가고 싶다. 밤에 술 마시면 다음 날 피곤하다. 말해 준다고 이해할 친구도 아니고, 어차피 잘릴 만한 친구였다. 사실 나도 가까이 두고 싶은 친구는 아니다" 등의 핑계도 생각해 내었다.

결국, 이 정도가 스스로가 착하다고 생각하는 수준이었다. 측은해 보여서, 동류라고 생각해서 먼저 손을 뻗었다가 귀찮고, 피곤해지니, 또 어차피 다시 보지 않을 사람이라고 생각하여 모르는 척했다.

내가 정말로 선한 사람이었다면 이 친구에게 무슨 말을 해주고 자시고를 떠나서 잠시 곁에 있어 주었을 것이다. 얼마 다니지 않았고, 또 어차피 기간제였다고는 하지만, 어쨌든 직장에서 해고된 것이다. 사람이 제일 연약해질 수 있는 순간에 일단 곁을 지켜주었을 것이다.

어른스럽게 행동하고자 했다면 귀찮더라도 직접 만나 말을 해주었을 것이다. 솔직히 가까이 두고 연락하고 싶은 친구는 아니니, 차라리 냉정하게 문제점에 대해 짚어줄 수도 있었다. 정신 차리라고 말해 주는 편이 나았을 것이다. 그러나 둘 중 아무것도 하지 않았다.

마음이 편하지는 않아서 어느 날 이 사건을 친구들과 함께 이야기하였다. 친구들은 내가 아무 말도 하지 않은 것을 두고, 그래도 한마디쯤

해줄 수 있었던 것 아니냐며, 밥 한 끼는 사주고 이야기를 꺼내는 게 좋았을 거라고 말했다. 친구들의 조언을 듣고 나서야, 나도 아차 싶었다. 스스로 부족했다는 것을 인지는 하게 되었다.

나같이 행동하는 사람이 많아서는 좋은 사회가 만들어지지 않는다는 것에 누구나 공감할 것이다. 조금 피곤하고 귀찮더라도. 혹은 어느 정도 손해를 보게 되더라도, 다른 사람을 생각하고 위할 수 있는 사람들이 많아야 안전하고, 건강한 사회가 될 수 있다. 소위 어른다운 어른이 많은 사회를 바라는 것이다.

『악은 선한 사람들이 아무것도 하지 않을 때 승리하게 된다.』

– 에드먼드 버크

버크의 말처럼, 그럼에도 해야 하는 일이 있기 마련이다. 결과와 상관없이 하기 싫고, 귀찮아도 해야 하는 그런 일들. 귀찮다는 것이지 사실은 그다지 어렵지도 않은 일들 말이다.

그러지 못할 것 같으면 평소에 착한 척이라도 하지 말아야 하는데, 그러지 못했다. 겉으로는 유순해 보이는 성격에 나조차 속아 넘어가 내가 비겁한 사람이라는 것을 의식하지 못하고 있었다.

비겁했던 나와 쇼펜하우어

쇼펜하우어와 관련해 생각해 보자. 내가 그 친구를 그냥 보낸 이유를 찾자면, 결국 사람들과 소통하고, 교류하는 것을 귀찮아하는 습성 때문이다. 그러니 잠깐 시간을 내는 일도 귀찮아한 것이다. 물론 사교성이 좋은 사람이라고 해서 다시 안 볼 사람을 굳이 붙잡아 두고 조언해 줄 것 같지는 않지만, 내 경우에는 분명 사람 만나기를 귀찮아하는 성향 때문이었다.

하지만 이상하게 뇌리에 남았고, 종종 이 일에 대해 조금 더 생각해 보곤 한다. 만약 내가 스스로 뛰어난 사람이라고 생각해서 그때의 내 행동을 전혀 의심하지 않았다면 어땠을까 하고 말이다. 나의 행동이 옳은 것이었다고 믿고, 그래서 친구들에게 조언을 구하지 않게 되었을 때를 상상해 본다. 그렇다면 나는 지금까지도 나의 행동이 옳았다고, 어쩔 수 없었다고 생각했을 것이다. 그리고 곧 이 사건을 잊어버렸을 것이다.

그리고 이후에도 주변 사람들에게 여전히 무관심한 사람이 되지 않았을까 싶다. 비슷한 일이 일어났을 때는 전에도 이런 일이 있었다면서 별 고민 없이 같은 행동을 했을 것이다. 그래서 스스로의 부족함을 인식조차 하지 못하는 수준에 머물렀을 것이다.

결국 혼자 있으면 자기합리화의 함정에서 빠져나오기 힘들다. 실패한 유학생이라고는 하지만, 그래도 나 역시 다른 대학원생들만큼은 배운 사람이다. 책에서 본 좋은 문구들, 사회적 이론, 그리고 위대한 사상가나 훌륭한 지성의 이야기를 많이 접한 사람이다. 나 역시 글로 적자고 한다면 적당히 좋은 말을 만들어낼 수는 있다. 그러나 이를 스스로에게 적용한다는 것은 전혀 다른 영역이다.

만일, 회사에서 해고된 날 그를 만났다면 어땠을까? 그런데 그 역시 혼자만의 세계에 빠져있었다고 생각해 보자. 쇼펜하우어를 읽고는 고독의 시간을 편할 대로 해석하는 수준이고, 나아가 하버드 대학교에서 학사와 석사를 했다고 가정해 보자. (실제로 하버드까지는 아니지만, 업계에서 알아주는 대학원을 졸업한 친구였다.)

그랬다면 내가 아무리 충고해도 그 진심이 전달되지 않았을 것이다. 이미 옳은 것은 자기 자신이고, 틀린 것은 나 이외의 세상이다. 멍청한 세상의 논리에 자신이 억울하게 희생당했다는 마음만 커졌을 것이다.

실제로 그 친구의 마지막 문자에는 분해하는 마음, 그리고 앞으로 그 기업 계열사와는 일하지 않을 것이라는 다짐의 이야기가 있었다. 또한, 부당해고로 기업을 상대로 소송을 신청할 것이라고도 하였다. 이 이야기를 들은 다른 동료들은 모두 어처구니없어했다.

"국내 굴지의 대기업을 상대로 혼자서?"

꼭 들어맞는다고 할 수는 없지만, 쇼펜하우어의 모습이 겹쳐 보이는 지점이다. 그도 동료 교수들 그리고 대중들로부터 원하는 수준으로 인정받지 못해 대학을 떠나 혼자 세상을 등지고 살아갔기 때문이다.

그렇게 별 소득 없이 만남을 정리하게 되면, 나 역시 다음부터는 괜히 안 변할 사람 만나서 힘 빼지 말자며 체념할지 모를 일이다. 그렇게 악순환이 이루어진다.

결국 나와 그 친구, 어느 쪽이든 쇼펜하우어의 조언을 편할 대로 따라서는 좋은 변화를 만들 수 없다.

변하지 않았던 태도 : 군대에서

돌이켜보니 내게는 비슷한 경험이 군대에서도 있었다. 군 복무 기간 때 나는 결국 아무것도 하지 않고, 혼자 편하게 지내기만을 선택했다.

당시 부대 내에서 나는 상병 때까지 나름대로 평판이 제법 괜찮던 사람이었다. 그렇다고 부대 내에서 에이스도 아니었다. 그저 평균적인 수준으로 생활하는 병사였다. 그러나 나보다 생활을 많이 못 하는 사람들이 내 기수 위아래로 있었다. 고문관까지는 아니었지만 주기적으로 문제를 일으키고, 맡은 일을 잘 해내지 못하는 경우였다. 그러다 보니 평균 정도로만 일해도 상대적으로 일을 잘하는 것처럼 보였다. 내가 딱 그 정도였다. 덕분에 고참들로부터 칭찬받을 수 있었고, 후임들로부터 어느 정도 존중받을 수 있었다. 의도치 않게 주위 사람들의 덕을 많이 본 경우다.

'착한 사람 병'은 군대에서도 여전하였다. 나는 적당히 유순하고, 친절한 사람이었다. 다른 사람들에게 불필요하게 화를 내거나 짜증을 내지 않았고, 후임들을 특별히 괴롭히지도 않았다. 일단, 당시 군 생활 기준으로 후임들을 불필요하게 괴롭히지만 않아도 적당히 괜찮은 사람 평가를 들었다.

여기에 나는 권력도 있었다. 군 생활 중 몸을 다친 나는 행정반에서 일하게 되었고, 병사들의 휴가를 관리하는 인사병이 되었다. 즉, 모든 사람이 나에게 어느 정도 함부로 대할 수 없는 방어막을 친 셈이다.

부대 내 최고참이라고 해도 나에게 부탁하는 경우가 생길 수 있다. 여자 친구 일이든, 가족계획이든, 개인 선호이든, 특정한 날에 휴가 나가기를 선호할 수 있다. 병사들끼리 알아서 날짜를 맞추어서 휴가 일정을 교환해 달라 요청하는 경우도 있고, 꼭 자기 일이 아니더라도 후임들 챙겨준다고 특정 날에 휴가를 보내달라며 고참들이 직접 찾아오는 일도 있다.

그럴 때면 꼭 원칙대로만 할 수는 없어서 적당히 관리가 되는 선에서, 혹은 간부들에게 크게 혼나지 않을 선에서 유연하게 행동했다. 요즘 같은 기준으로 보면 원칙대로 하지 않은 것이지만, 당시에는 그렇게 행동했다. 즉 부대원들이 부탁하는 상황이 언제든지 있을 수 있었고, 그것을 적당히 들어줌으로써 스스로의 안전과 나름대로의 영향력을 지킬 수 있었다.

그리고 그 덕분에 부대 내에서 나름 입지를 가지게 되었다. 리더십이 뛰어난 고참들처럼 카리스마를 지닌 것은 아니었지만, 상황 덕에 어느 정도 격을 가지게 된 것이다.

제대 후 친하게 지내던 동생에게 들은 이야기지만, 후임 중에는 이런 나에게 기대했던 사람들이 있었다고 한다. 내가 최고참 라인, 소위 실세가 되면 소대 내 분위기가 더 좋아질 것이라고 기대했다고 한다. '똥 군기'가 사라질 것이고, 소대 내 체계가 합리적으로 변할 것이고, 뭔지 모르겠지만 전보다는 분위기가 좋아질 것이라는 기대감이 어느 정도 있었다는 것이다.

그러나 나는 소대원들의 기대를 저버리고, 최고참이 되었을 때 사라짐을 택했다. 어느 정도 힘을 발휘할 시기가 되었을 때 "이제 나 찾지 마. 어디 있는지 모르겠다고 해"를 시전하는 유형의 병장이 되어버렸다. 당시 부대 내에 신설되었던 도서관으로 들어가서 혼자 시간을 보냈다. 책을 읽고, 토익 공부를 하는 등 남은 시간을 조용히 보내다 전역했다.

당시에 나 같은 사람들은 많았다. 그 시절 기준으로 병장이 되어 후임들을 괴롭히거나, 심하게 행패를 부리지만 않아도 나름 괜찮은 사람이기는 했다. 그래서 부대 내에서 어떤 변화를 불러일으키지 않았다고 해서 크게 비난받을 일은 아니다. 제대 후 복학 때 빨리 적응할 수 있도록 자기 계발을 하는 편이 현명한 선택이긴 했다.

그러나 지난 40년의 인생을 살펴보고, 이 시기를 다시 돌이켜보면 역시 나의 성향이 확실하게 드러나게 된다. 결국 나는 아무것도 하지 않는 것을 선택하는 쪽이었다. 스스로는 다른 사람의 배려와 보호를 받으면서 성장하였지만, 막상 무엇인가를 할 수 있는 위치에 이르러서는 다른 사람들에게 베풀지 않는 사람이었다.

앞서 소개한 직장에서의 경험과 군대에서의 경험은 대략 10년 정도 차이가 난다. 그리고 그 10년 사이 내 성향은 변하지 않았다. 늘 똑같은 수준으로 유지된 것이다. 적당히 사람 좋아 보이는 수준에서 주변 사람들을 소소하게 챙길 수는 있지만 뭔가 노력이나 정성, 희생 따위가 필요한 일에서는 회피했다. 사람 좋아 보이는 행동 역시 진실로 남을 위한 행동이라 할 수 없었다. 내가 좋은 사람으로 보이고 싶었을 뿐이다.

마흔이 되어 지난날 나의 모습들을 성찰한다고 하지만, 이제 와서 유의미한 변화를 이끌어 낼 수 있는 것도 아니다. 40년 동안 형성된 성격이다. 이제는 거의 고정되어 있다고 보아야 한다. 다만, 스스로가 이러한 성향임을 인식하고 계속해서 조심할 뿐이다.

만일 내가 과거 20대의 나에게 조언할 수 있다면 어떤 말을 하게 될까?

"혼자 있는 것을 즐기다 보면 자연스럽게 다른 사람에게 무관심해지는 사람이 되기 쉽다. 그러니 설혹 고독의 시간을 가지면서도, 함께하기를 멈추지 마라. 계속해서 연습해야 한다. 너 자신을 위해서. 그리고 우리 사회를 위해서."

Side B

쇼펜하우어를 이겨내기 위한 7가지 방법

• • •

Arthur Schopenhauer

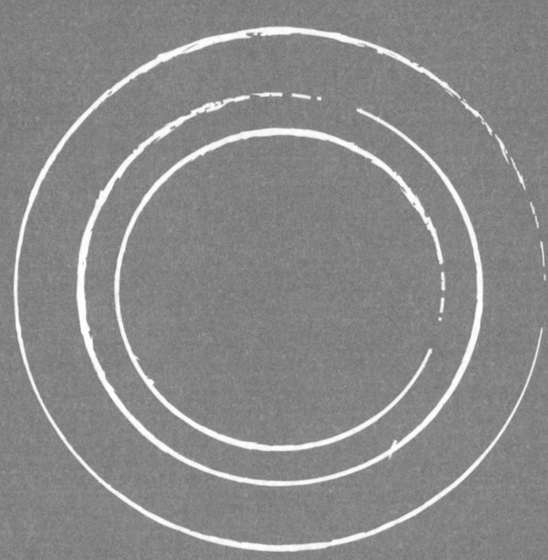

고립 말고 다른 행복을
생각하자

『하버드대 정신의학과 교수 재클린 올즈가 설명하듯 이러한 적대감은 초기 방어 행동인 '뒷걸음질 치기'에서 나온다. 외로운 사람은 종종 인간적 온기에 대한 욕구와 다른 사람과 함께 있고 싶은 욕구를 부정하면서 자기 자신을 보호해 줄 고치를 만든다. 그러면서 의식적으로 또는 무의식적으로 "날 혼자 내버려둬. 난 당신이 필요하지 않아. 저리 가"라는 대개는 비언어적인 신호를 남들에게 보내기 시작한다.』

― 노리나 허츠, 《고립의 시대》 중

2024년 우리는 쇼펜하우어의 고독한 철학에 열광했다. 그러나 그 열광은 어쩌면 고독 속에서 위안을 찾고자 했던 것이 아니라, 외로움에서 벗어나기 위해 몸부림쳤던 것은 아니었을까? 하버드대 정신의학과 교수 재클린 올즈가 말한 '뒷걸음질 치기'의 역설처럼.

쇼펜하우어의 행복에 반대하는 사회과학의 연구들

2024년 한국에서 쇼펜하우어의 인기와는 별개로 사회과학적 연구에선 쇼펜하우어의 주장과 정반대의 결과를 내놓는다. 2023년 세계보건기구(WHO)는 외로움을 건강 문제로 선언하였다. 사회적 고립이 신체적, 정신적 건강에 심각한 영향을 미치며, 흡연, 과도한 음주, 비만 등에 견줄만한 건강 위협이라고 지적했다. 외로움이 우울증과 관련이 있을뿐더러, 심혈관 질환의 위험도 30% 증가시킨다고 한다. 이를 수치로 계산하면 하루에 매일 담배 18개비를 피우는 것과 같은 수준이라고 한다.

사회적 고립으로 외로움이 문제가 될 수 있다는 인식은 WHO의 선언 이전에도 있었다. 2018년 영국은 사회적 단절로 인한 정신적 고통의 심각성을 인식하고 외로움 담당 장관(Minister for Loneliness)을 임명하였다. 그런가 하면 "행복한 대화를 위한 벤치(Happy to Chat Benches)"라는 것도 만들었다. 외로움에 지쳐 누군가와의 대화를 원할 때 이 벤치에 앉으면 지나가는 사람들이 같이 앉아 말동무가 되어주는 벤치다.

약한 연대 실천의 예로 들었던 영국에서도 외로움이 사회적 문제로 대두된다고 할 수 있다. 그런가 하면 비슷한 문제 인식 속에 일본 역시 2021년 「고독, 고립 대책 담당실」을 신설하였다.

영국의 경제학자 노리나 허츠는 저서 《고립의 시대》에서 사회적 단절과 고립으로 인한 정신적 고통이 전 세계에서 나타나는 시대적 현상이라고 분석한다. 앞서 소개한 영국이나 일본 이외, 미국, 독일, 네덜란드 등 많은 나라에서 사회적 단절로 인한 소외감, 불안을 겪고 있는 사람들이 계속해서 늘어나고 있음을 사례 연구들을 통해서 확인한다. 결국 외로움의 시대를 맞이하고 있다는 것이 저자의 생각이다.

이러한 흐름에서 한국이라고 예외일 리는 없다. 오랫동안 한국 사회에 영향을 미쳐왔던 집단주의 문화에 대한 반발로 홀로 있음이 강조되고는 있지만, 우리도 곧 외로움이 사회적 문제가 되는 시기를 맞게 될 것이다. 1인 가구의 증가와 함께 외로움, 나아가 관계 단절로 인해 삶의 공허감, 허무함을 느끼는 사람들이 증가하고 있다는 연구 결과는 이미 오래전부터 발표되고 있다.

이러한 시대 현안에 "고독을 즐기라"는 쇼펜하우어의 조언이 큰 도움을 줄 수는 없을 것 같다. 그것만으로 해결되었다면 다른 나라들에서 이렇게까지 고민하지도 않을 것이다. 쇼펜하우어식 고독의 즐거움을 아무리 강조하더라도, 보통의 사람들에게는 다른 사람들과의 정서적 교류가 필수적이다.

외로움 문제를 해결하기 위해 다방면의 노력이 구상되는 가운데, 전문가들은 개인적 실천 차원에서 약한 관계를 자생적으로 만들어가기를 조언한다. 현대인들이 전통적인 관계, 가족 공동체 혹은 끈끈하다고 표현되던 강한 유대 관계를 부담스러워한다는 점은 인정한다. 이 관계 속에는 개인이 부담을 느낄 수 있는 책임, 희생, 그리고 감정 노동이 수반되기 때문이다. 그러나 설령 그렇더라도 인간관계 자체를 포기하지는 말자고 제안한다.

빡빡한 인간관계가 어렵다면, 대안적인 관계들은 어떨까? 전문가들이 추천하는 것은 동호회처럼 참여와 빠짐이 비교적 자유로운 공동체 활동이다. 취향, 관심사를 기반으로 모이되 구속력이 작은 모임을 통해, 개인의 자유를 누리면서도 심리적 소속감을 느끼자는 것이다.

오늘날 30~40대를 중심으로 각종 동호회 활동이 활발해지는 것도 이러한 경향을 반영한다고 할 수 있다. 다른 사람에게 침범받지 않는 자유, 자신의 감성과 개성을 지켜내면서도, 외로움을 덜어낼 방법을 선택한 것이다.

그런가 하면 일본의 사례를 통해 가까운 한국의 미래 모습도 어느 정도 엿볼 수 있다. 익히 알려진 히키코모리 현상 이외에도 외로움과 관련하여 우리가 참고할 수 있는 것은 일본 사회에서 나타나는 새로운 공동체의 모습이다.

자의에 의해서든, 타의에 의해서든 홀로 살아가게 된 일본인들이 각각의 모습으로 공동체를 만들어 함께 살아가는 모습이 각종 사회과학 연구나 기사 등을 통해서 소개되고 있다. 특히, 연령대가 높아질수록 이러한 수요는 높아지고 있다. 이혼, 배우자의 사별 등으로 혼자 남겨진 어르신들이 외롭지 않기 위해서 적극적으로 새로운 공동체를 만들고 싶어 하기 때문이다.

공동체라고 해서 꼭 가족처럼 함께 살아가야만 하는 것은 아니다. 사례별로 다르기는 하지만, 대개는 주기적으로 모여 식사를 같이하며 서로의 생사를 확인하고 이야기를 나누는 정도에서 그치는 경우도 많다. 할머니들이 동네 미용실에서 매일 같이 모여 서로 안부를 묻고, 수다를 떠는 것 또한 작은 공동체 활동으로 볼 수 있다.

재미있는 점은 그때도 안부를 묻고 구성원에 대해 관심을 가지면서도, 서로에게 과도한 간병이나 부담을 지우지 않으려 한다는 것이다. 이들은 어디까지나 개인의 자율성을 해치지 않는 범위 내에서 공생을 중시한다. 그 때문에, 다른 사람에게 큰 부담을 주는 부분은 각자가 책임지거나 전문가에게 맡기게 된다. 즉, 최소한의 수준에서 사적 안전망을 유지하자는 것이다.

우리에게 대단한 학식과 식견은 없지만, 이런 모습들이 한국에서도 곧 나타날 것이라는 예상 정도는 어렵지 않게 할 수 있다. 쇼펜하우어의 인기가 말해주듯이 현재의 한국 사람들은 혼자 있기를 선택하곤 하지만, 영원히 혼자일 수는 없기 때문이다.

결국 모두가 외로워진다. 쓸쓸함과 우울감을 느끼는 순간이 오고야 만다. 이런 정신적인 고통을 느끼지 않기 위해서라도 결국에는 곁에 누군가가 필요하게 된다. 최소한의 안전을 보장하기 위해서라도 누군가가 필요해지는 순간은 분명 온다. 노년에 홀로 늙으면서 고독사를 기다리고 싶은 사람은 아무도 없다.

문제는 그 순간이 찾아왔을 때 서로 함께할 수 있는 능력이 있는가이다. 인간관계에 대한 연습 없이 노년의 우리가 공생 관계를 원만하게 이어나갈 수 있을 것 같지 않다.

나이 들어 서로의 존재에 대한 아쉬움이 커졌을 때 각자가 느끼는 불편함과 어색함을 다소 억누르고 살아갈 수 있을까 생각해 본다. 그러나 역시 쉽지 않을 것 같다는 결론에 이른다. 쇼펜하우어처럼 젊은 날을 보내면, 결국 나이가 들어서도 다른 사람들과 함께하기 어려울 것이다. 쇼펜하우어와 같이 혼자서도 죽음을 기다릴 수 있는 부와 정신력이 있다면 그나마 다행이다.

그게 아니라면 함께하기 좋은 사람이어야 하지 않을까?

사회적 환경 : 약한 연대와 행복

행복은 강도가 아닌 빈도라고들 이야기한다. 소소한 행복을 자주 느끼는 편이 강력한 행복을 한두 번 느끼는 것보다 낫다고 한다. 그 때문에 《행복의 기원》의 저자 서은국 교수는 우리가 행복해지기 위해서 즐거운 감정을 느끼는 행위들을 일상에서 많이 만들라고 권한다. 일상의 긍정적인 정서와 감정들을 자주 느낌으로써 우리의 삶이 더 행복해질 수 있다는 설명이다.

그런가 하면 행복을 이해하는 철학적 관점 역시 변하고 있다. 과거에는 행복을 우리가 추구해야 할 이상적인 상태로 간주했지만, 최근에는 그것을 보다 현실적으로 바라보자는 주장이 제기된다. 인간을 동물종의 하나로 이해하고, 행복의 감정이 생물학적 메커니즘 속에서 어떻게 기능하는지를 파악하고 수용하자는 것이다. 즉 행복은 우리의 생존을 돕는 일종의 동기에 불과하며, 그것 자체가 최종적인 목적이 될 수 없다는 것을 인정하고, 행복에 대한 과도한 집착을 덜어내자는 것이다,

개인적으로 삶에서 의미 지향적으로 살아가야 하는 위치 혹은 인생의 시기도 있다고 생각하기에 모두 동의할 수는 없지만, 일단 대다수의 사람이 행복해지는 방법 중 하나로 수긍할 수 있는 바이다. 모든 사람이 계속해서 의미 지향적인 행복을 좇기는 쉽지 않기 때문이다.

일상에서 즐거움을 자주 느끼게 하자는 관점은, 이를 실천하기 위한 효율적인 방법으로 인간관계의 약한 연대를 강조한다. 우리가 일상에서 마주하는 수많은 관계 중에서 따뜻하고 행복한 분위기를 자주 경험할 수 있도록 하자는 것이다. 실제로 일상에서 주위 사람들과 정감 있는 교류가 활발한 지역과 그렇지 않은 지역 간에 행복 지수에서 유의

미한 차이를 보이는 연구 결과가 계속해서 발표되고 있다.

전적으로 동의하는 바이다. 나 역시 해외살이를 하면서 이 부분을 많이 느꼈다. 영국 유학 생활 때는 한국에서보다 훨씬 쉽게 약한 연대를 느낄 수 있었기 때문이다. 그리고 이러한 기억이 영국에서 겪었던 직접적 혹은 은은한 인종차별을 덮어낼 수 있을 만큼 좋았다. 서구 문화권 중에서는 낯선 사람과 친해지기 쉽지 않다고 평가받는 영국의 분위기지만, 그래도 한국보다는 상황이 훨씬 낫다고 느꼈다.

버스 안에서, 카페에서, 슈퍼마켓에서 그저 스쳐 지나갈 수 있는 낯선 사람끼리 미소와 인사를 나누고, 농담을 주고받거나 가벼운 이야기를 나누는 순간들에서 심리적인 만족감을 느끼게 된다. 일일이 의식하지는 못하지만 서로가 인식되고 있고, 존중받는다는 느낌에서 오는 만족감일 것이다.

심지어 내가 대화의 당사자가 아니어도 괜찮다. 서로 낯선 사람들이 가볍게 인사를 하거나, 우연한 계기로 짧은 대화를 하는 모습을 목격하게 되는 것 역시 즐겁다. 뭔가 인간적인 면모가 느껴진다. 다른 사람들이 행복해 보이는 모습이 나에게 즐거움으로 전해지는 것이겠다. 흔히 이야기하는 서구 사회의 스몰토크 문화가 가져오는 심리적인 평안함 혹은 일상의 즐거움이다.

그런가 하면 사회학적으로 "시선의 길이"라고 부르는 눈길의 처리도 나에게 정서적인 만족감을 주었다. 즉, 서구권에서는 모르는 사람과 눈이 마주치면 서로 간단하게 미소를 주고받는다. 약 1초 남짓의 시간이지만 이 짧은 순간에도 어느 정도 심리적인 만족감을 느끼게 된다. 그 짧은 순간에 상대방에게 인식되고 존중받는 것 같기 때문이다.

반면, 한국에서는 상황이 다르다. 우리는 오히려 서로 눈을 마주치지 않기 위해 최대한 노력한다. 혹시라도 눈을 잘 못 마주쳤다가는 시비가 걸리거나 오해받기 십상이다. 누군가와 눈 한번 잘못 마주치다 "기분 나쁘게 쳐다본다"는 이유로 폭행당했다는 사건들을 뉴스에서 어렵지 않게 찾아볼 수 있다.

그런가 하면 이성에게 영국에서 했던 방식으로 미소를 띠게 된다면, 괜히 치근덕거린다는 인상을 주기 십상이다. 웬만큼 잘생기거나 아름답지 않고서야, 보통 사람들의 미소는 상대방에게 불편함을 야기할 가능성이 크다. 상황이 이렇다 보니 우리는 최대한 눈을 마주치지 않기 위해 노력한다. 혹시라도 서로 간에 눈이 마주치면 상대방이 오해하지 않도록 최대한 빨리 시선을 거두려 한다.

짧은 순간 우리가 서로에게 전하는 시그널은 상대방의 존재에 대한 거부이다. 너도나도 서로에게 거부의 의사를 주고받고, 거부의 의도를 확인하고 나서야 안심하게 된다.

예쁘고, 잘생긴 사람들이야 사람들의 호감을 받으니 비교적 나을 수 있다. 이들과 눈이 마주친다고 해서 불편해하고 기분 나빠할 사람은 별로 없다. 그러나 보통의 사람들, 나아가 외모적으로 매력이 떨어지는 사람들은 다른 사람으로부터 온정을 느끼기가 그만큼 어려울 수 있다. 내가 잘못한 것도 아닌데, 뭔가 더 억울해진다.

이런 점들을 생각해 볼 때면 나는 서구 사회가 우리보다 훨씬 더 인간적인 것 같다. 직접 경험하기 전에는 집단주의 문화가 강한 한국이 더 정감 있고, 개인주의 문화가 훨씬 더 발달한 서구 사회가 인간미 없지 않을까 생각했지만, 꼭 그렇지도 않다. 아주 짧은 순간이지만 서로의 존재를 거부해야 하는 사회, 그리고 미소를 주고받으며 서로를 인정할 수 있는 사회. 그 차이인 것 같다.

한국에서 오랫동안 살아온 외국인들에게 한국 생활의 단점에 대해서 물어보는 유튜브 영상을 본 적이 있다. 인터뷰어는 외국인들에게 으레 하는 입바른 소리 말고, 본인이 느꼈을 때의 아쉬운 점에 대해서 솔직하게 이야기해 달라고 요청하였다. 이때 외국인들이 공통적으로 지적했던 것이 정이 없는 한국 문화였다. 일상에서 느껴지는 아주 사소하지만, 내가 느낀 바와 같은 것을 지적하였다,

낯선 사람과는 인사하지 않는 문화, 이미 알고 있는 사람이 아니라면 서로 이야기하지 않는 문화. 문을 먼저 열고 나가는 사람이 뒷사람을 위해 잠시 문을 잡아주지 않는 문화, 길에서 서로 살짝 부딪혔을 때 "Sorry"라고 하지 않고 그냥 지나쳐 버리는 문화 등에서 냉랭함을 느낀다는 이야기였다.

사회학자 어빙 고프만은 현대 도시 사회에서 낯선 이를 마주할 때, 충분히 의식은 하면서도 굳이 서로 말 걸지 않고 침묵을 지키는 행위를 "예의 바른 무관심"이라고 표현하였다. 도시 생활의 감각 과부하에 피로감을 느낄 상대방을 배려하고 있다는 것이다. 그러나 오늘날 한국의 도시 사회에서 서로가 주고받는 방식은 예의 바른 배려라기보다는 상대의 존재에 대한 부정에 더 가깝지 않은가 하는 생각이 든다. 그만큼 지금의 한국 사회는 서로 간의 온정을 나눌 기회가 많이 줄어들었고, 행복해지기 어려워졌다.

어렸을 적에는 무거운 짐을 들고 버스를 타면 자리에 앉아있던 낯선 사람이 "무거우실 텐데, 가방(짐) 주세요." 하면서 친절을 베풀곤 하였다. 그러면 서 있는 사람이 고마움을 느끼며 가방을 선뜻 건네어 주곤 하였다. 그렇게라도 정을 느낄 수 있던 시절도 있었지만, 이제 더 이상

아무도 그런 권유를 하지 않는다. 흉흉한 세상이다. 친절 속에서 다른 어떤 위협이나 불안이 있을 수 있음을 모두가 알고 있어 서로 경계하기 때문이다.

그렇다고 어쩔 수 없는 일이라고만 할 수는 없다. 아무런 노력도 하지 않을 수는 없다. 조심할 것은 조심하면서도, 그래도 우리가 조금 더 행복해지기 위해 서로 간의 노력이 필요하다. 평소에도 조금 더 긍정적인 느낌을 받을 수 있도록, 서로가 약한 수준에서 연결되는 문화가 만들어져야 할 것이다.

이때 쇼펜하우어는 그다지 큰 도움이 되지 않는 것 같다. 연대가 아닌 고립이 권장되기 때문이다.

약한 연대를 생각하며: 한국과 영국의 헬스장 문화

약한 연대를 생각하다 보니 문득, 영국 헬스장에서의 경험이 생각난다. 헬스는 흔히 "고립의 운동"이라고 불린다. 몸의 특정 부위에만 부하를 걸어 근육을 성장시키는 근육 고립의 과정이 필요하며, 다른 사람과의 교류 없이 혼자 묵묵히 운동하는 과정 역시 고립적이기 때문이다. 헬스를 즐겨하시는 분들은 이해할 것이다.

그러나 영국 헬스장에서 운동할 때는 아주 얇은 수준이나마, 다른 사람들과의 교류를 느낄 수 있었다. 낯선 사람끼리 기구를 번갈아 가면서 사용하는 문화를 경험했을 때 느낀 점이다.

반면 한국의 헬스장에서는 누군가가 특정 기구를 사용하고 있으면, 굳이 다가가서 "같이 운동해도 되겠냐"고 물어보지 않는다. "그냥 저 사람이 쓰고 나면 다음에 내가 해야겠다"고 생각하며 기다린다. 신경 안 쓰는 척하면서 기구가 비웠는지, 안 비웠는지 계속 힐끔거리며 체크해야 한다. 누군가 너무 오래 기구를 쓰는 것 같으면, 속으로 욕하며 짜증만 낼 뿐이다.

상대방이 기구를 다 쓴 것인지, 잠시 휴식하는 것인지 애매한 경우에는 "다 쓰신 거예요?"라고 물어볼 수 있지만, 상대방이 아직 사용 중이라고 하면 군말 없이 돌아서며 다른 기구를 찾아 나선다. 기구를 이용하는 상대방 역시 굳이 "같이 번갈아 가면서 사용하시죠"라고 묻지 않는다. 한국의 헬스장에서는 이게 매너 있는 헬스장 이용법이다.

영국의 경우라면 이야기가 달라진다. 사람들이 몰리는 이른 아침이나 저녁 시간에 내가 기구 운동을 하고 있을 때면, 상당히 자주 사람들이 찾아와서 "괜찮다면 번갈아 가면서 같이 운동해도 될까요?"라고 정중하게 물어온다. 혼자 운동하는 것보다야 불편하겠지만, 그렇다고 번갈아 운동하지 않을 이유도 없어서 함께 운동하게 된다.

물론 어떤 날에는 조금 지나치다는 생각이 들었는데, 랫풀 다운이라는 기구를 사용하고 있을 때였다. 뉴트럴 그립으로 랫풀 다운을 하는 나에게 상대방이 와서 본인은 와이드 그립을 쓰고 싶은데 번갈아 운동해도 되겠냐고 했다. 괜찮다고는 했지만, 매번 그립을 교체해 줘야 하니 제법 귀찮은 일이 되어버렸다. 내가 이용할 때는 뉴트럴 그립으로, 상대방이 이용할 때는 와이드 그립으로 계속 변경했기 때문이다. 그래서 그 순간에는 불편한 감정이 생기기도 했다. 이를 계기로 기구를 번갈아 사용하며 운동하는 문화에 대해 곰곰이 생각해 보게 되었다. 별다른 생각 없이 지내고 있었는데 한국과는 다른 영국의 사회성이 보이기 시작했다.

헬스의 경우 어떤 운동을 하든 평균적으로 1분에서 1분 30초 정도의 세트 간 휴식 시간을 가지게 된다. 최소한 50초 정도의 휴식 시간이다. 그리고 그 정도로 시간이 주어지면 충분히 그립을 바꾸어 가면서도 휴식 시간이 나온다. 그러면 두 사람이 동시에 만족할 수 있었다.

조금만 불편하면 상대방과 나 모두 적당히 만족스러운 운동을 할 수 있다. 어느 정도의 불편함을 함께 공유함으로써, 함께 만족할 수 있는 것이다. 이것이 영국 헬스장의 사회성이었다.

한국에서는 번갈아 가며 같이 운동하는 것을 경험해 보지 못했고, 본 적도 없다. 이미 알고 있는 친구 혹은 운동 파트너 사이에서야 원판도 서로 갈아끼워 주고 하며 함께 운동하기는 하지만, 낯선 사람과 이와 같은 방식으로 운동하는 것은 경험해 보지 못했다. 확신하건대 한국에서 운동하는 사람들에게는 분명 굉장히 드문 일인 것이다.

그리고 한국식으로 생각하면 이게 맞는 것 같다. 낯선 이에게 "함께 운동하자"라고 물어보는 것은 나에게도 수고스러운 일이며, 상대방에게도 제법 부담스러운 일이다. 그래서 우리는 혼자서 편하게 운동하는 법을 선택하였다. 좋게 말하면 개인의 시간을 조금 더 존중해 준 것이고, 나쁘게 말하면 그야말로 "고립"을 선택한 것이다.

별것 아닌 것 같지만, 나는 이 차이가 제법 크다고 생각한다. 혼자 편안해지기 위해 고립을 선택하는 사회와 그래도 함께 즐겁기 위해 어느 정도의 불편함을 감수하는 사회의 차이가 드러나기 때문이다. 그리고 이 차이점이 다 함께 어울려 사는 사회 분위기를 형성하는 데 영향을 미치고 있다고 생각한다.

헬스장 문화의 비교는 하나의 예일 뿐이다. 이 외에도 찾아보면 비교를 할 수 있는 다른 예들이 많을 것이다. 아주 미시적인 관점에서 개

개인의 실천 하나하나가 모여 사회 분위기를 형성한다는 것을 생각해 보면, "함께 살아가는 사회를 만들어 가는 것"에 있어서 한국의 부족한 부분들을 많이 찾아볼 수 있을 것 같다.

현재의 한국 사회에서는 한국인의 정이니 뭐니 하는 것들이 옛말에 지나지 않은 상태이다. 같은 아파트의 사람들끼리도 서로 인사를 하지 않는 사회이다. 인사를 하더라도 가벼운 묵례 정도만 하고, 더 이상 이야기를 나누지 않는다. 그렇게 하는 것이 예의인 사회로 변화한 지 오래다. 그렇게 각자가 서로에게 관심을 가지지 않는 사회가 되어버리는 와중에 영국에서의 일화가 떠오르니 비교가 되는 것이다. 그곳에서는 적어도 형식적으로라도 사람과 사람 사이의 교류가 일어나고 있으니 말이다.

약한 연대가 어려운 한국의 쇼펜하우어들

그러나 나 역시 약한 연대의 실천에 서투른 편이다. 아직도 사람들과 함께 어울리는 것이 어색하다는 의미다. 마흔에 접어들어 이제는 필요한 순간 잠시 연기할 수 있는 정도는 되지만, 그래도 근본적으로는 사람들과 함께 어울리는 것을 편안해하지도 않고, 잘 어울리지도 못한다.

"사교적이다, 두루 어울릴 수 있다"라는 수준보다 훨씬 더 섬세하고 약한 연대를 느껴야 하는 순간은 더욱 어색해하는 것 같다. 이러한 섬세한 접근을 하려면 아직 더 훈련이 필요하다.

예를 들어 한국에서 한 스타벅스 매장을 자주 이용하곤 했는데, 그럴 때면 가끔 직원분들이 말을 걸어주실 때가 있다. 기억에 남지 않을 정도로 크게 의미 없는, 상대방의 안부나 그날의 기분, 상황 등을 물어봐 주시는 것이다.

그럴 때마다 나는 당황스러워했다. 여느 때와 같이 별다른 교류 없이 주문한 음료만 받을 것이라고 생각했는데, 직원분들이 내게 인사를 건네주기까지 하니, 자연스럽게 대화를 이어가지 못하고 머뭇거리게 된다. 결국 제대로 말을 잇지 못하고 어색하게 자리를 떠나곤 했다.

물론, 약한 연대를 실천하는 것이 꼭 일정 수준 이상으로 대화를 주고받을 수 있어야 함을 뜻한다고 생각하지는 않는다. 영국의 카페에서 가만히 앉아 사람들을 관찰해 볼 때면, 직원과 가볍게 대화를 이어나가는 사람들도 있지만, "오늘 하루 어때요?"라는 질문에 "괜찮아요. (물어봐 줘서) 고마워요." 정도로만 대답하고 넘어가는 사람들도 많이 볼 수 있다. 어차피 서로 형식적으로 하는 인사라는 것을 알고 있기에 적당히 받아넘기는 것이다. 그게 무례해 보이지 않는다. 즉, 대화의 길이와 내용보다 중요한 것은 그 순간의 분위기가 서로 어색하지 않게 넘어갈 수 있는 자연스러움이다. 잠깐의 시간 동안 서로 간의 친밀감을 확인하고 자연스럽게 넘어갈 수 있는 능력. 내게 아직도 부족한 능력이다.

그런데 이건 한국에서 보편적인 어색함이지 않을까 싶다. 모 방송 프로그램에서 백종원 씨가 자영업자분들에게 장사 컨설팅을 해주면서 손님들에게 과하게 친절하지 말라고 조언했던 장면이 기억난다. 적당히 반가워하고 가끔 반찬 하나 더 챙겨주는 것까지는 좋지만, 친절하겠답시고 과하게 반겨주면 오히려 손님들이 불편해할 수 있다는 것이다.

해당 유튜브 영상의 댓글 창에 공감의 표현이 많이 달렸다. 식당 주인분이 너무 과하게 아는 척을 하시거나, 반가워해 주는 바람에 다음부터는 그 식당을 가지 않게 되었다는 댓글도 많았다. 단골집이었고, 음식도 맛있었는데 왠지 불편해져서 안 가게 되더라는 것이었다.

일견 공감할 수 있는 바이다. 바쁜 점심시간, 일과를 끝내고 파김치가 되어 집에 돌아가기 전, 혹은 아무 때라도 그냥 혼자 조용히 식사하고 싶을 때가 있다. 그런데 이때 식당 주인분께서 친절을 베풀어주시면, 그에 맞게 또 신경 써 알맞은 반응을 해주어야 한다. 잠깐의 시간이지만, 뭔가 신경 써야만 하는 인간관계를 연장하는 것 같아서 피곤함이 느껴진다. 그러니 재방문을 꺼리게 된다.

이처럼 약한 연대를 어색해하는 문화에서 아무리 생각해 보아도 쇼펜하우어가 도움이 되지 않을 것 같다. 쇼펜하우어의 조언에는 흔히 다른 사람과의 짧은 교류에서 느낄 수 있는 정서적 만족감과 안정감이 부족하다. 그보다는 귀찮음, 번거로움, 부질없음과 관련된 감정들이 더 많은 듯하다. 그래서 "노력해야겠다"라는 생각보다, "피해 버려야겠다"는 생각을 하게 만들기 때문이다.

우리가 지금보다 더 행복해지기 위해서 서로에게 갑질하지 않는 사회를 만드는 것으로는 충분하지 않다는 것을 이미 알고 있다. 따뜻한 정감을 느껴 그것이 감정의 즐거움으로 이어질 수 있는 사회 분위기가 형성되어야 하는데, 쇼펜하우어의 조언들은 여기에 도움이 되지 못하는 것 같다. 아니, 도움이 되지 못하는 것을 넘어서 큰 방해가 된다.

삶은 약한 연대의 연속으로 지탱된다

『어떤 사람도 그 자체로 온전한 섬이 아니다.』

— 존 던

우리는 때로 가족, 친구, 동료처럼 가까운 관계뿐 아니라, 스쳐 지나가는 사람들과의 약한 연대 속에서도 살아간다. 우리의 삶은 바로 이 약한 연대의 연속으로 지탱된다.

치앙마이 송크란: 집합 열정을 통한 행복

동남아 여행 중 가장 인상 깊었던 것은 치앙마이에서 경험한 송크란 축제이다. 송크란은 태국의 설날 격에 해당하는 축제로 본래는 가족들이 한 집에 모여 신년을 축하하는 행사였으나, 현재는 설날이라는 개념보다는 물놀이 축제라는 성격이 더욱 강해진 행사이다.

건기 때 쌓인 먼지를 물로 씻어내거나 가족의 안녕을 기원하기 위해 몸을 정화하던 관습이 물놀이 축제로 이어진 것인데, 오늘날 다른 도시에서도 가끔 볼 수 있는 물총 축제의 모습을 생각하면 될 듯하다. 다만 태국 송크란의 경우 그 규모가 훨씬 크고, 문화적인 의미도 크기 때문에 유네스코 인류무형문화재로도 지정되어있다.

3일간의 송크란 기간에는 도시의 많은 사람이 물총 싸움에 참여한다. 각자가 가지고 있는 크고 작은 물총을 가지고 서로를 쏘아대는데, 시내에서는 본격적인 물총 싸움이 이루어지는 축제 구간들이 따로 준비되어 있고, 일반 동네 거리에서도 물총 싸움은 이어진다.

꼭 물총이 아니더라도 대야에 물을 받아 놓아 바가지로 물을 퍼 공격하거나, 수도꼭지에 연결된 호스를 이용하여 물을 뿌리기도 한다. 골목 어귀나 집 앞에 물을 받아둔 대야를 두고는 사람들이 지나갈 때마다 물을 퍼붓는 식이다.

그래서 축제 기간에 거리를 걷다 보면 갑작스럽게 물을 한 바가지로 뒤집어쓰는 물세례를 자주 당하는데, 다들 서로 재미있자고 하는 것이고 또 물로 나쁜 기운을 쫓아낸다는 상징적인 의미도 있어서 물세례를 받는 쪽에서도 딱히 기분 나빠하지 않는다. 그냥 서로 웃음을 주고받을 뿐이다.

세상의 많은 축제 중에서도 태국 치앙마이 송크란이 내게 유독 인상 깊게 다가왔던 이유는 그야말로 모든 사람이 축제에 함께 참여하며 즐기는 모습이 아주 강렬하게 다가왔기 때문이다.

우선 눈에 띄는 것은 다양한 외국인들의 존재이다. 관광 대국인 태국에서도 치앙마이는 특히 외국인이 많이 찾는 도시이고, 그렇기 때문에 송크란 축제에도 많은 해외 관광객을 찾을 수 있다. 조금 과장하면 거의 모든 인종이 다 함께 모인다고 볼 수도 있는데, 그렇게 다양한 사람이 모여 함께 즐기는 모습이 굉장히 매력적으로 다가온다. 흔하지 않은 광경이기 때문이다.

다양성이 주는 신선함, 재미가 단지 인종적인 면에서만 국한되지는 않는다. 잘 알려져 있다시피 태국은 많은 부분에서 개방적인 사회이다. 그래서 다른 사회에서라면 쉽게 배제되거나 보이지 않는 위치에 있기 쉬운 사람들, 예를 들면 레이디보이라든지, 유흥 서비스 산업에 종사하는 사람들에게도 개방적이다.

그래서 축제 기간에는 이들뿐 아니라, 그야말로 각계각층의 사람들이 함께 어울린다는 느낌을 받게 된다. 생각해 보면 이 정도로 다양한 인종과 계층의 사람들이 함께 참여했던 경험은 개인적으로 치앙마이의 송크란 축제가 처음이었다.

물놀이의 특성상 즐기는 데 있어서 돈이 들지도 않는다. 큰 대야에 물을 펄 수 있는 바가지만 있어도 충분하기 때문에 빈부의 격차도 없다. 지나가는 행인들에게 '물바가지 세례'를 주기 위해 호승심 가득한 태도로 기다리는 일반 가정집의 아이들, 그런 손자, 손녀들 옆에서 함께 있어 주는 할아버지 할머니, 자식들과 함께 놀아주는 아버지 어머니의 모습을 보고 있자면 정겨운 마음이 든다.

그런가 하면 근처의 작은 마을에서 온 것으로 보이는 사람들끼리 작은 트럭의 짐칸에 옹기종기 모여 앉아서 축제에 참가하러 가는 모습을 보는 것도 즐거웠다. 마치 "오늘 제대로 놀아주겠어"라고 각오하며 나가는 듯한 익살스러운 표정들이었다. 그야말로 치앙마이라는 도시를 중심으로 인근의 모든 사람이 함께 즐거운 시간을 가지는 듯했다.

그리고 그렇게 많은 사람들이 함께 모여 축제를 즐기는 과정에서 나도 어떤 희열을 느꼈다. 그것은 단순히 물총 싸움을 즐기고, 물세례를 맞는 과정에서 오는 쾌감이 아니었다. 다른 사람들과 함께 특정한 시간과 장소를 함께 공유하고, 감정을 공유한다는 사실에서 느낄 수 있는 기묘한 감정이었다.

프랑스의 사회학자 뒤르켐은 이러한 감정의 고양 상태를 집합적 열정이라고 불렀다. 축제와 같은 집단적 의례의 현장 속에서 다른 사람들과 유대감을 느낄 때 인간은 황홀한 에너지를 느낀다는 것이다. 자기 자신보다 더 큰 무언가와 연결되어 있다는 것을 확인하면서 느끼는 심리적인 만족감이다.

우리가 축구 경기장에서 합을 맞추어 국가대표팀을 응원할 때, 콘서트장에서 함께 노래 부르며 춤출 때, 혹은 주변 사람들과 약속된 기도문을 함께 외우는 예배현장에서 확인할 수 있는 감정들이다.

신경과학적 연구로도 이 현상을 설명할 수 있다. 인간은 자신의 몸을 움직일 때 고유수용감각을 생성하여 뇌에 전달하는데, 우리가 다른 사람과 함께 춤을 출 때 각자의 고유수용감각이 혼합되어 뇌가 혼란을 느낀다고 한다. '나'와 '너'를 지각하는 부위들이 동시에 활성화되어 생기는 혼란 때문이다. 이 혼란 속에서 타자와 자아의 경계가 흐려지면서, 자기 자신이 아닌 다른 사람들과의 연대감을 느끼게 되고, 그로 인해 행복한 감정을 경험하게 된다고 한다.

이렇게 보면 내가 치앙마이의 송크란 축제에서 느꼈던 형언할 수 없는 어떤 희열감 역시 설명이 가능하다. 옆에서 함께 춤출 수 있는 사람들의 존재만으로도 감정의 행복을 느낄 수 있는데, 축제 현장의 사람들이 온 세계를 아우르는 인종과 민족, 계층과 젠더를 초월한 모든 종류의 사람들이라고 생각했으니, 내가 느꼈을 황홀감의 크기도 분명히 더욱 컸을 것이다.

물론, 이러한 감정의 고양 상태는 잠깐의 즐거움으로 곧 사라질 감정이다. 그러나 비록 일시적이라 할지라도 이러한 감정의 경험이 우리 일상을 유지하는 데 큰 도움이 된다.

축제가 끝난 뒤 우리는 여전히 서로에게 낯선 사람들로 돌아서겠지만, 그래도 조금 더 익숙하고, 친숙한 사람으로 남게 될 것이다. 피부색도 다르고, 사용하는 언어도 다르며, 나이와 성별, 계층 모두 다르지만 그래도 잠시나마 같은 감정을 공유했던 사람들로 서로를 기억하게 될 것이다. 그렇게 공유된 기억을 가진 사람들과 함께할 때 우리의 삶은 덜 외롭지 않을까?

함께하며 외로움을 달래는 사람들

한국 프로야구와 프로축구 관중 수가 해마다 늘고 있다. 2024년 9월 기준 프로야구의 관중 수는 42년 만에 1,000만 명을 넘어섰으며, 축구 역시 200만 명을 돌파하며 흥행 열풍을 이어가고 있다.

이러한 프로 스포츠 경기의 흥행 요인을 경제적인 시각으로 풀어주는 설명이 있다. 요즘처럼 물가가 올라간 시대에 야구와 축구만큼 가

성비 좋게 즐길 수 있는 오락거리도 없다는 것이다. 이른바 "불황의 경제학"이라고 불리는 '작지만 만족스러운' 소비를 하려는 소비심리가 반영되었다는 것이다.

그러나 다른 식으로도 설명할 수 있을 것 같다. 어쩌면 우리 각자는 외로운 것이 아닐까? 쇼펜하우어의 유행과 함께 혼자 있어도 괜찮다며 스스로를 위로하고, 또 한껏 쿨한 척도 해보지만, 사실 우리 각자는 외로움을 느끼고 있는지도 모르겠다.

각자가 혼자 있기를 선택하여 우리 주변 사람들과의 관계 속에서 외로움을 덜어내기가 쉽지 않은 와중에, 가상의 상호작용이 아닌 함께 즐거울 수 있고 행복감을 느낄 수 있는 어떤 것을 찾게 되는 것이 아닌가 싶다.

낯선 사람과도 쉽게 어울리며 행복감을 느낄 수 있는 장소로 야구장과 축구장을 찾는 것일 수 있겠다고 생각해 본다. 그렇다면 이것은 불황의 경제학이 아닌 외로움의 경제학으로 해석될 수도 있다.

야구장과 축구장을 찾는 사람들 중 많은 사람이 일상의 외로움을 덜어내는 방식으로 행복감과 만족감을 느끼고 있으리라 생각해 본다. 이러한 방식으로 감정을 채워가며 살아가는 것 역시 우리의 삶일 것이다. 자의에 의해서든, 타의에 의해서든 정서적인 교류가 어려운 시대이다. 직장 동료들과 기계적으로 인사하고, 일과 관련된 대화만 하다, 주말에 혼자 쉬는 생활을 하다 보면 딱히 깊이 있는 감정적 교류를 하지 못할 때가 많다. 그런 일상에서 이러한 이벤트라도 있어야 우리의 삶이 덜 퍽퍽하게 느껴질 것 같다. 이벤트가 많을수록 일상에서 행복감을 느낄 일도 많아질 것이다.

역시 쇼펜하우어의 말에 공감할 수 없다. 사람들과 함께 어울림은

쓸모없는 사교 행위나 쾌락이 아니다. 우리 같은 평범한 사람들의 삶을 지탱해 주는 행복의 한 종류이다.

테일러 스위프트와 BTS

집합적 열정을 통해 느끼는 행복에 대해 말하다 보니, 간단하게나마 소개해 보고 싶은 이야기가 있다. 나의 미국인 친구가 느낀 테일러 스위프트와 BTS 콘서트의 차이점이다.

언젠가 K-pop을 좋아하는 미국인, 영국인, 프랑스인 친구들과 이야기를 나눈 적이 있었는데, 한국 사회에 관해 대화하다가 K-pop 가수들 이야기까지 한 것이었다. 그 친구들 모두 음악을 좋아하여 여러 콘서트장을 다녀보았고, K-pop 가수들의 콘서트를 관람한 경험도 있었다.

정작 한국인인 나는 상대적으로 음악이나 엔터테인먼트 분야에 대해 잘 알지 못했다. 그러다 보니 외국인 친구들을 통해 최신 K-pop 노래들과 트렌드에 대해 전해 듣는 입장이었다. 그렇게 BTS에 대해서도 듣게 되었고, BTS 노래의 어떤 점이 좋은지도 알게 되었다.

이때 미국인 친구 중 한 명이 테일러 스위프트의 콘서트도 가보고, BTS의 콘서트도 가보았는데 BTS 콘서트가 더 좋았다고 말해 준 것이다. 이 말을 시작으로 친구들끼리 토론이 벌어졌다. 물론 반론도 있었다.

그에 대해 미국인 친구의 답은 이랬다. 음악적인 퍼포먼스에서는 테일러 스위프트의 공연이 더 좋았다는 것이다. 그런데 BTS의 콘서트에

서는 다른 콘서트들에서는 느낄 수 없는 어떤 감정을 느낄 수 있었다
고 했다. 또, 그것이 너무 좋았다는 것이다. 그리고 그 감정에 관해 설
명해 주었다.

미국인 친구의 묘사로는 다 함께 가족이 되는듯한 분위기, 다 함께
하나가 되는듯한 분위기가 좋았다고 한다. 테일러 스위프트의 공연에
서 가수와 팬의 만남은 1:1의 관계로 상정되는데, BTS의 공연에서는
BTS, BTS 팬들, 그리고 그 가운데의 나라는 관계가 성립된다는 것이
다. 쉽게 말해 콘서트장에서 범 BTS 가족과 같은 분위기가 형성되는데
그 분위기가 좋았다는 것이다.

미국인 친구의 이야기를 들은 다른 친구들도 이러한 분위기에 대해
서 어느 정도 수긍하였다. 아마도 BTS 공연에는 팬들의 소속감과 연대
감을 부여하는 어떤 힘이 있지 않을까 생각해 본다. BTS, 아미라는 이
름 아래 서로 다른 사람들이 모여 굿즈를 나누고, 팬들끼리 함께 웃고,
응원하고, 한국식의 떼창을 하다 보면 다른 콘서트에서는 쉽게 느낄
수 없는 특별한 감정이 생겨나는 것 같다. 소위 말하는 팬덤 문화가 만
들어내는 소속감과 연대감인 것 같다.

그렇게 생각해 보면 BTS를 비롯한 K-pop이 세계적으로 인기 있는
이유는 서구식 개인주의에서는 잘 느끼지 못하는, 이를테면 공동체에
대한 소속감이나 연대감 등이 K-pop 팬덤 문화를 통해서 긍정적으로
드러나기 때문이 아닐까 하는 생각도 해보게 된다. 다른 해외 가수들
이 채워주지 못하는 소속감과 연대감을 채워주는 것이 K-pop의 역할
인 것 같다.

미국인 친구가 아예 없는 말을 한 것은 아닐 것이므로 행복의 다른

관점을 생각하게 된다. 인간에게는 자신의 경험과 감정을 다른 사람과 공유하고자 하는 원초적인 갈망이 있음을 말이다.

이 갈망을 효과적으로 해소하는 것 역시 우리가 행복하게 살아갈 방법일 것이다. 행복해지기 위해 함께해야 한다는 결론에 다시 이른다.

삶을 지탱하는 것
이상의 깊은
우정으로 성장하자

『우정은 다른 어떤 감정보다 인간을 현명하게 만든다. 우정만이 인간과 사물의 실상을 보여주며, 인간다운 정당한 삶과 방법을 말해 준다.』

『한 가지라도 배울 점이 있는 친구를 사귀려고 노력해야 한다. 친구와의 교제를 통해 그가 지닌 교양과 지식을 익혀 자신의 것으로 만든다면, 이는 배움 중에서도 매우 높은 수준의 고찰과 경험이 될 것이다.』

삶이 지탱되는 것만으로는 충분하지 않다. 우리는 더 깊고, 더 풍요로운 삶을 추구해야 한다. 이를 위해 쇼펜하우어의 조언을 부분적으로 수용하고자 한다. 고독을 강조한 쇼펜하우어이지만, 사실 그는 우정의 가치에 대해서도 언급했다. 쇼펜하우어는 우정이야말로 인간이 성장할 수 있는 가장 고귀한 관계 중 하나라고 보았다.

우리 입장에서는 쇼펜하우어를 편하게만 받아들이고 싶다 보니 고독의 측면만을 확대해서 기억하고 있는데, 정작 현시대의 우리가 주의 깊게 들어야 할 쇼펜하우어의 메시지는 참된 우정에 대한 조언이다.

함께하며 성장하는 연극인 부부들

직장 생활을 하면서 연극 동호회 활동을 7개월 정도 한 적이 있다. 동호회 활동을 한 여러 이유가 있었지만, 간단히 이야기하면 나도 외롭기 싫어서 활동했다. 거듭 말하지만 30대 후반 당신이 혼자 있게 된다면, 직장 생활만으로는 충족되지 않는 외로움이 생겨날 확률이 높다. 여러분도 어떤 식으로든 사람을 찾게 될 것이다. 내가 그랬듯이.

동호회에는 현역 배우들과 대학 연극영화과 학생, 연영과 지망생들이 다수였고 우리는 약 7개월의 연습 끝에 작은 극을 공연하였다. 그렇게 동호회 활동을 하던 중 흥미를 끈 게 있는데, 그건 전문 연극배우 두 커플이 한 지역에서 함께 살아가게 된 경위였다.

배우 커플 두 가정이 서울 내 한 지역에서 이웃 주민으로 살아가고 있었다. 서울 외곽, 경기도로 빠져나가는 경계선의 집값 싼 지역이었는데, 지역 내 각자의 빌라에서 거주하고 있다. 한 커플은 유치원생 아이가 있고, 다른 커플은 아이가 없다. 자녀가 없는 커플이 삼촌, 이모 역할도 하면서 두 가정이 서로 잘 지내고 있다.

지역에 먼저 정착한 것은 자녀가 없는 커플이었다. 그런데 몇 년을 살아보니 동네가 생각보다 괜찮았다. 물가도 비싸지 않으면서, 동네도 조용하고, 주변 환경도 괜찮아서 살아갈 만했다. 그때 마침 동료 배우들이 결혼했고, 신혼집을 구한다고 했다. 그래서 자기 동네로 와서 함께 살자고 제안했다.

신혼부부도 이에 흔쾌히 동의했다. 신혼부부의 눈에도 동네가 여러모로 괜찮아 보이기도 했지만, 자신들이 좋아하는 사람들이 거기에 산다는 점도 큰 매력으로 다가왔다. 자신들과 친하고, 믿을 수 있는 사람들 근처에 있으면 아무래도 힘이 되기 때문이다. 그렇게 두 가정은 한 동네에서 이웃 주민으로 잘 살아가고 있다.

배우라는 직업은 아무래도 일반 직장인들과는 다르게 구별해야 할 것 같다. 작품의 성공을 위해 그야말로 동료들과 부대껴가며 함께 지내야 하는 사람들이다. 그래서 배우들은 각자가 서로를 더 잘 알게 되고, 더 끈끈해지는 것 같았다. 두 커플 역시 서로가 잘 맞는 사람들이라고 확신하고 있었기에, 한동네에서 살기로 한 것이다.

당연하게도 이렇게 함께했을 때 좋은 점은 나를 이해해 주고 동질감을 느낄 수 있는 친구들이 있다는 것이다. 이는 경제적인 면에서도 해당된다. 아무래도 수입이 고정적이지 않다 보니 평소에 절약하는 것이 습관화된 사람들이었다. 사실 당장 작품 활동을 한다고 해도, 경제적으로 많은 도움이 되는 것 같지는 않아 보였다. 작품 활동은 경력의 구축을 위해 계속하는 것이지, 주된 경제 수입원은 연극영화과 지망 학생 지도와 아르바이트처럼 보였다.

이 정도면 어느 정도 상대적 빈곤을 느낄만하다. 정기적으로 고정 수입이 부족하지 않게 들어오는 일반 직장인에 비해 불안감이 다소 있는 것은 사실이다. 그런데 지인들은 함께 극복하는 방식으로 불안감을 조금 더 효율적으로 견뎌내는 것 같았다. 배우로서 성공하기 쉽지 않다는 것은 모두 알고 있다. 경제적으로 어려워지는 순간이 뜻하지 않게 올 수 있다는 것도 알고 있다. 그럼에도 그들은 배우의 길을 포기하고 싶지는 않다. 언젠가는 조금 더 잘될 것이라는 희망으로 견디며 계속 노력하는 것이다. 그러고도 끝끝내 빛을 발하지 못할 수도 있겠지만, 아직은 더 노력하고 싶은 것이다.

이 모든 생각과 여기에서 생겨나는 감정을 이해해 줄 사람이 있다는 것만으로도 큰 위안이 되어 보였다. 서로를 응원할 것이며, 실패한다고 해서 지나치게 낙심하지도, 다그치거나 비난하지도 않을 것이다. 자신들이 종사하는 업계가 원래 그렇다는 것을 서로 잘 알고 있기 때문이다. 그렇게 두 가정은 서로 응원하고 위로하면서 함께 살아가는 것 같다.

배우 커플들의 사례에서 확인할 수 있듯이, 상대적으로 빈곤을 느끼는 와중에도 고립되지 않고 살아갈 방법은 있다. 우리보다 나은 사람들을 확인하고, 그들과 같은 수준이 되기 위해 노력해야 하는 것도 맞지만, 같은 처지의 사람들이 많다는 것도 생각해 보자. 함께 있으면 더 견딜만하다. 최소한 덜 외로워진다.

한편, 배우 커플들의 사례는 단순히 경제적으로 비슷한 처지의 사람들 이야기가 아니다. 그것은 삶의 결이 비슷한 사람들이 함께 살아가는 이야기이다. 네 사람은 서로의 지향점이 같다. 이것은 단순히 서로 취미가 같다거나, 술자리에서 이야기가 잘 된다거나, 부부 동반 모임이 되었을 때 더 재미있어진다는 수준이 아니다.

그런 것들은 부수적인 면이다. 가치관이라고 하기에는 너무 거창하지만, 그래도 각자가 삶에서 추구하는 바가 같기 때문에 서로를 더욱 잘 이해하고, 응원해줄 수 있는 것이다.

인생에서 이런 사람들을 찾는 것은 쉽지 않겠지만 불가능하지도 않다. 대단히 이상적인 관계를 형성하기는 어려울지 몰라도, 각자의 수준에서 삶의 결이 비슷한 사람들을 만나 관계를 형성할 수도 있다. 그렇게 함으로써 우리 각자는 덜 외로워지고, 함께 성장할 수도 있고, 더 행복해질 수도 있다.

때로는 우정에 갇히지 말고 스스로 정한 방향을 보자

『우정은 겉으로 드러나는 고상한 만남이 되어서는 안된다. 서로의 내면에 자극이 되고, 분발하려는 촉진제가 되어야 한다. 함께 진보하지 않는 우정은 나태와 방종이다.』

깊이 있는 연대를 통해 성장하기 위해서는 우리의 우정을 점검해 볼 필요가 있다. 우리는 같은 곳을 바라보고 있는가? 반드시 인생 전반이 아닐지라도, 현재의 시점에서 서로에게 자극이 되고, 도움을 주고받을 만큼 같은 결의 목표를 공유하는지 확인해 보아야 한다.

우리의 우정은 서로의 성장을 응원하고 있는가?

쇼펜하우어는 우리가 참된 우정을 나눌 수만 있다면, 그것이 다른 어떤 관계보다도 더 고귀할 수 있다고 생각한 것 같다. 여기서 참된 우정이란 서로의 자극제가 되어 각자의 성장을 도울 수 있는 관계이다. 이런 우정이 이상적이라는 사실은 모두가 공감할 것이다.

서로에게 영향을 미친 철학자들의 예가 떠오른다. 실존주의와 존재론을 함께 탐구한 야스퍼스와 하이데거, 2차 대전 이후의 사회적 재구성에 대해 고민한 벤야민과 아도르노 등, 나이와 상관없이 서로 교류하며 각자의 사상과 이론을 발전시킨 철학자들이 떠오른다. 한국의 경우, 8년간 150여 통의 편지를 주고받으며 인간의 본성에 대해 토론한 퇴계 이황과 고봉 기대승의 우정이 떠오른다.

쇼펜하우어가 말하는 우정에는 나이나 거리 같은 물리적인 요소가 중요하지 않은 것 같다. 그는 이미 고인이 된 전 세대 철학자 칸트와의 정신적 교류도 우정으로 여겼을 것이다. 반대로, 그릇된 우정은 쾌락만을 좇는 우정이다. 가장 극단적인 예로, 앞서 언급한 버닝썬 사태를 일으킨 주동자들의 우정을 들 수 있겠다.

다만, 우정을 이렇게 참된 우정과 그릇된 우정의 두 종류로만 나누면 어려움이 생긴다. 우리가 사람을 사귈 때 항상 "저 사람으로부터 무엇인가를 배워야지", "뭘 얻어가야지"라는 의도성을 가진 채 만나는 것은 아니다. 인간관계를 항상 그렇게만 시작하면 삶이 매우 퍽퍽해진다.

또, 실제로 우리 주변에 쇼펜하우어의 참된 우정에 해당하는 친구들이 항상 있는 것도 아니다. 앞서 소개한 철학자들의 우정이 대단하기는 하지만, 우리 같은 일반인들이 따라 하기에는 어쩐지 무거워 보인다. 솔직히 철학자들과 같은 수준의 우정을 나눌 자신이 없다.

그렇다고 참된 우정은 어렵고, 거짓된 우정은 싫어서 혼자 있기를 선택할 수는 없다.

그래서 참된 우정과 거짓된 우정 사이에 보통의 우정도 필요하다. 보통의 우정에서 시작하여 참된 우정 관계를 지향하고, 거짓된 우정으로 빠지지 않도록 노력해야 한다.

그래서 우정에 대한 쇼펜하우어의 말을 조금 더 우리의 현실에 맞게 받아들이자면 "삶의 결이 비슷한 사람과 어울려라." 정도가 될 수 있을 것 같다. 삶의 결이 비슷해야 결국 각자가 바라보는 지향점이 같아지고, 생각의 방향도 같아지기 때문이다.

그리고 그런 조건이 갖추어졌을 때 서로를 더 잘 이해할 수 있고, 응원하게 되고, 때로는 도움받거나 자극받아 성장할 수도 있기 때문이다. 앞서 소개한 연극배우 부부들의 경우처럼 말이다.

반대로 말하면 삶의 결에서 큰 차이가 나는 사람들의 경우 관계의 우선순위에서 미룰 수 있다. 서로의 지향점과 살아가는 세계가 달라 서로를 이해하기 쉽지 않기 때문이다. 이해하지 못하기 때문에 응원할 수도 없으며, 그래서 서로의 성장을 도와줄 수도 없다. 이런 경우라면 억지로 깊게 사귀겠다는 마음은 가지지 않는 것이 낫다. 필요하다면 헤어질 수도 있으며 매정하게 끊어내기가 어렵다면, 관계의 우선순위에서 뒤로 두는 것이 현명하다.

과거에 함께 어울렸던 친구와의 관계에서도 마찬가지이다. 과거의 특정 시점에는 함께 어울렸던 친구라도, 시간이 지남에 따라 삶의 결이 달라졌다면 더 이상 전과 같은 수준의 우정을 나누기는 어려울 것이다.

　정리하자면, 꼭 의도성을 가지지 않은 채 사람을 만날 수 있다. 한동안 즐겁게 지낼 수도 있다. 그렇게 지내다 보면 전에는 알지 못하던 상대방의 매력이라든지, 상대방으로부터 배울 점 등을 알아낼 수 있다. 그러한 것들이 나와 잘 맞는다고 생각하면 그 관계를 더 잘 유지하기 위해 노력할 수 있다.

　그러나 일정 기간 상대를 알아 왔음에도 "함께할 수 있겠다"라는 생각이 들지 않는다면 관계를 점검할 필요가 있다. "친구이기 때문에 계속 친하게 지내야 된다"고 생각할 필요 없다. 서로 각자의 방향으로 나아가는 것이 모두에게 좋다. 우리의 우정이 강한 관계로 발전할 가능성이 있는지, 혹은 약한 연대로 점차 희미해져 가는지 점검할 필요가 있다. 때로는 다음 소개하는 윤의 사례처럼 아쉽지만 기존의 우정을 뒤로 하고, 삶을 더욱 풍요롭게 해줄 새로운 관계를 찾아 나서야 할 때도 있다.

윤의 우정: 오랜 친구와 헤어질 때

　영국에서 만난 지인의 이야기다. 지인은 30대 중반의 다소 늦은 나이에 교육학 석사 과정을 위해 영국에 왔다. 편의상 그녀를 윤이라 칭하겠다. 한국에서 윤은 방과 후 교사 및 영어 과외 강사 일을 했었다. 유학을 최초 결심한 것은 현재의 자신보다 더 나아지고 싶다는 욕심 때문이었다. 학력이 높아지는 것이 가장 확실해 보였기 때문이다.

유학을 결심하였을 때, 윤은 이 사실을 자신의 제일 친한 친구 두 명, 간호사 친구와 가정주부 친구에게 말해주었다. 당연히 친구들이 자신을 응원해 줄 것이라 믿었다. 그러나 현실은 반대였다.

"그만큼 나이 먹고 무슨 유학이냐?"

"유학 다녀와서 잘된다는 보장도 없잖아."

"이제 결혼 준비나 해라."

대개 이런 반응을 보였다고 한다. 자신의 각오와 가능성을 무시하는 친구들의 태도에 그녀는 큰 상처를 받았다.

친구들의 무시와는 달리 윤은 결국 영국 명문대에 합격하였고, 무사히 석사 과정을 마쳤다. 그리고 지금은 런던의 한 대학에서 연구원으로 일하며, 교육으로 세상을 어떻게 바꿀 수 있을지 연구하고 있다. 몇 년간 실무 경험을 쌓은 뒤에는 박사로 진학할 계획이며, 최종적으로는 교수를 목표로 하고 있다.

지친 유학 생활 중에 우울증 증세가 있던 윤이 한국으로 잠시 돌아갔을 때의 일이다. 그녀는 친구들을 만나 보고 싶었다. 해외 생활을 하며 경험한 세계에 대해서 친구들에게 알려주고 싶었다. 한국에만 있었을 때는 알지 못했던 삶의 다양한 가능성에 관해 이야기하고 싶었다. 친구들의 자식들이 살아갈 미래에 대해서도 함께 고민하고 싶었다.

먼저, 가정주부 친구를 만났다. 비교적 일찍 결혼한 친구에게는 당시 초등학생 1학년이었던 남자아이가 있다. 다행히 남편이 거의 지역 청과 유통을 독점할 정도로 청과업으로 돈을 매우 많이 벌었기 때문에, 자식 교육 지원에 있어서 어려움이 없는 형편이었다. 윤은 친구와 자식의 교육에 관해 이야기하고 싶었다. 어쩌면 자신에게 조카 같은 존재가 될 수도 있는 아이의 미래를 함께 고민하고 싶었다.

그러나 대화가 되지 않았다. 정확하게는 친구가 아이의 교육에 관심이 전혀 없었다. 공부는 학교에서 알아서 하는 거고 나중에 할 거 없으면 사업이나 물려주면 된다는 식이었다. 그러면서도 아이에게는 모질게 대했다. 식사 자리에서 잠깐 투정을 부리는 초등학생 아이에게 "말 들어라. 말 안 들으면 죽는다." "내가 죽는다고 하면, 너는 진짜 죽는 거다"라고 협박하듯 윽박질렀다.

윤은 그 모습을 보면서 충격을 받았다. 친구의 말에 드러나는 자식의 교육에 대한 무관심, 그리고 초등학생 아이를 대하는 태도를 확인하고는 윤은 친구와 대화해야겠다는 생각을 멈췄다. 자식 교육에 대해 더 말해도 소용없겠다고 생각했다.

친구의 모습 또한 실망스러웠다. 160cm가 안 되는 키에 몸무게가 70kg까지 나가 있었다. 과거 날씬했던 친구의 모습을 알고 있기에 그녀는 더욱 안타까웠다. 단순히 살이 쪘다는 사실 때문이 아니라, 친구가 자기관리를 전혀 하지 않을 정도로 게을러졌기 때문이다.

아이가 초등학생이면 육아 때문에 바쁘다는 핑계도 될 수 없다. 유치원생처럼 한참 손이 많이 갈 나이는 아니다. 더군다나 "공부는 학교에서 자기가 알아서 하는 것"이라고 생각할 정도니 말이다. 다른 일 없이 가정주부로만 있으면서도, 거기에 취미 삼아 골프는 치러 다닐 정도로 여유가 있음에도, 건강에 무리가 있어 보일 정도로 스스로를 관리하지 않는 것은 분명히 게으른 것이다.

그리고 친구는 윤을 반기지 않았다. 이것이 결정적이었다. 마치 "굳이 찾아온다고 하니 만나기는 한다, 그러나 우리가 앞으로 더 볼 일이 있겠냐"라는 태도였다. 윤이 졸업 후 런던의 대학에서 연구원으로 일할 것 같다고 말하자 "런던? 그곳이 어디야? 영국에 있는 곳 아니야?"라며 깔깔거리며 되묻기까지 하였다. 물론, 친구가 런던을 모를 리는 없다. 짐짓 모른 척한 것뿐이다. 윤의 소식에 함께 기뻐하고 싶지 않았기 때문이다. 이런 친구의 모습에 크게 실망한 윤은 가정주부 친구와 더 이상 깊이 있는 우정을 유지할 수 없겠다고 생각했다.

다음으로 윤은 간호사 친구를 만났다. 간호사 친구와의 대화는 답답했다. 그녀의 현실이 답답했기 때문이다. 친구의 남편은 무직이다. 결혼 전 경찰 공무원 시험을 보기 위해 다니던 회사를 그만두었지만, 3년 연속 불합격하였다. 결혼 후 잠시 사기업에 취직하기는 했지만 이내 그만두었다. 다시 경찰 공무원을 준비하기 위해서다.

그렇다고 합격하기 위해 열심히 공부하는 것도 아니다. 시험 막바지 준비 기간에도 남들이 즐기는 만큼 여행도 가고, 좋은 음식도 먹고, 공연도 봐야 하는 남자다. 핑계는 언제나 같았다. "여자 친구가 가고 싶어 하니까, 아내가 좋아하니까"라며 간호사 친구 핑계를 들었다. 솔직히 옆에서 보았을 때 정말 합격하려는 의지가 있는지 의심스러웠다고 한다. 안정적인 직업을 가진 아내만 믿고 사는 사람처럼 보였다. 내가 놀아도, 네가 돈 버니까 괜찮다는 식의 생각을 하는 듯했다.

사실 윤은 처음부터 친구의 결혼을 반대했었다. 친구가 미래가 없는 남자와 결혼하는 것이 싫었다. 결혼제도에 속박되기만 할 것 같아 걱정되었다. 차라리 결혼할 돈을 스스로에게 투자하라고 권했다.

나이가 더 들면 자신이 싫어하는 요양원에서 근무해야 할까 걱정하던 친구였다. 그래서 차라리 공무원이 되거나 국제개발협력 분야에서 보건 쪽으로 일해볼 것을 권했었다. 자신이 유학을 준비할 때, 친구도 다른 미래를 준비해 보라고, 지금 만나고 있는 남자 친구와 결혼하고 나면 아무것도 못 하게 될까 봐 걱정된다고 일러주었다.

그리고 실제로 그렇게 되었다. 그동안 모아두었던 돈은 결혼식과 신혼 준비로 모두 사용되었다. 결혼 후부터는 개인 시간이 없다. 그때부터는 부부 중심, 친가와 시댁을 포함한 가족 중심으로 시간이 흘러간다. 개인 욕심은 내기 어렵다. 그러는 와중에 백수인 남편은 미덥지 않고, 현실은 불안하다. 남들 다하듯이 결혼했지만, 딱히 미래가 더 나아질 것 같은 희망도 보이지 않는다.

친구는 현실이 답답하다는 듯 말했다. 그러면서도 결혼 생활이 행복하기는 하다고 읊조렸다. 그렇지만 윤에게는 그것이 마치 주문처럼 들렸다고 한다. 이제 와서 선택을 무를 수도 없으니 "행복해야 한다. 이것은 행복한 삶이다"라고 자기 자신에게 최면을 거는 것 같았다고 한다.

간호사 친구도 윤을 반기지 않았다. 가정주부 친구처럼 홀대하지는 않았지만, 윤을 만나는 것을 불편해했다. 윤이 자신의 경험담을 말하려거나, 서로의 미래를 이야기하려 할 때면 일부러 대화 주제를 바꾸려 하였다. 예전 추억을 끄집어내거나, 연예인 가십거리 이야기, 맛집 이야기만 했다. 마치 고등학교 때처럼 지내길 바라면서 너무 진지한 이야기는 피하려는 듯 보였다. 그런 모습을 보면서 윤은 간호사 친구와도 더 이상 우정을 지속하기가 어렵겠다고 판단했다.

자신의 가장 친했던 친구들이 자신의 미래를 응원하지 않는다는 것, 그리고 이제 그들과 같은 주제로 대화할 수 없다는 것을 깨달은 후, 윤은 친구들과의 관계를 정리했다고 한다. 아쉬운 마음도 있었지만, 그렇게 하는 것이 맞다고 판단하였다. 그리고 영국으로 돌아와 서로의 미래를 함께 이야기할 수 있거나, 각자의 삶을 제대로 응원해줄 사람들을 만나 그들과의 관계에 집중한다고 했다.

나는 윤의 사례가 쇼펜하우어가 말한 우정의 뒷면을 정확히 이야기해 주고 있다고 생각한다. 친구들은 사실 그녀의 성장과 성공을 원하지 않았다. 그래서 그녀가 유학을 가지 않았으면 했다. 윤이 명문대를 졸업한 후에도 그녀의 삶이 그다지 성공적이지 않기를 바랐을 것이다. 그래서 한국으로 돌아온 윤을 만났을 때도 두 친구 모두 시큰둥한 반응을 보인 것이다.

여기에 두 가지 이유가 있다고 생각한다. 하나는 성공한 친구 옆에서 스스로 초라함을 느끼고 싶지 않기 때문이다. 또 다른 하나는 역설적이게도 간호사 친구와 가정주부 친구 모두 계속해서 윤과의 우정을 지속하고 싶었기 때문이다. 세 사람이 비슷한 수준을 유지하여야 예전처럼 마음 편하게 만날 수 있는데, 윤이 성공해 버리면 관계가 부담스러워지기 시작한다. 세 사람의 우정이 삐걱댈 수 있는 것이다. 그래서 두 친구는 자기들이 생각하는 우정을 위해 윤의 성공을 응원하지 않은 것이다.

윤의 입장과 선택

윤의 사례를 읽은 여러분도 그녀의 선택을 충분히 이해하고 지지할 것이다. 언제까지고 추억 이야기나 연예인 이야기, 혹은 맛집 이야기만을 하며 살 수는 없다. 이제 윤도 마흔을 바라보는 나이가 되어간다.

그만큼 보다 성숙한 자세로 세상을 살아가고 싶다.

40대가 20대 같이 생각하고 행동한다면 나이 들어감의 의미가 없다. 우리는 그것을 나잇값을 못 하는 어른이라고 부른다. 쇼펜하우어 역시 강조하였던 바다. 몸의 성장은 스무 살에 끝나더라도, 정신의 성장은 계속 이루어져야 한다고 말이다. 윤 역시 그 나이에 어울리는 어른이 되고 싶었다.

그렇다고 윤이 친구들과 대단히 어려운 철학적 이야기를 하려 한 것은 아니다. 어려운 주제의 토론도 할 수는 있지만, 고등학교 친구들과도 어려운 철학에 기대지 않고서 충분히 생산적이고 의미 있는 대화를 할 수 있었다. 윤 자신의 미래도 불확실하였기 때문에 친한 친구들과 함께 고민해 보고 싶었을 뿐이다.

그중에서도 "자식을 어떻게 교육할 것인가?"라는 질문은 가장 현실적인 문제이자, 세 사람의 공통 관심사라고 생각했다. 윤은 교육학을 전공하였지만 한 사람은 초등학생 학부모이며, 다른 한 사람은 예비 어머니이다. 상식적으로 자녀의 미래를 고민하지 않을 수가 없다.

그럼에도 부모가 자식의 미래에 대해서 걱정하지 않는다는 것은 생각하기를 멈췄다는 의미다. "학교에서 자기가 알아서 해야지"라는 말은 생각 없이 주어진 시스템을 그냥 믿고 따르겠다는 말이다. 시스템이 완벽하지 않을 수 있다는 생각, 자식이 시스템과는 맞지 않을 수도 있다는 생각, 자식에게 다른 지원이 필요할 수 있을지도 모른다는 생각 정도는 당연히 해야 한다. 정작 본인들의 학창 시절을 떠올려봐도 학교 교육의 실효성에 의구심을 가지게 되면서 말이다.

꼭 필요한 생각을 하지 못하는 사람에게 우리는 생각 없이 사는 사람이라고 한다. 여러분도 그런 사람과 함께 하고 싶지는 않을 것이다.

당장 아이가 자라나면서 시기별로 받게 될 교육에 대해서 생각해 보자. 그러면 한국의 교육 환경과 사회 문화를 생각하게 된다. 그다지 마음에 들지 않는다. 이제 이웃들은 어떻게 생각하고, 준비하는지 알아본다. 그러다 외국의 경우도 알아보고 또 비교하게 된다. 한국과 외국 사회의 과거를 돌이켜보고 미래를 예측해 보기도 한다. 그리고 우리 아이를 위해 부모인 내가 해줄 수 있는 최선의 선택은 무엇인지 결정하게 된다.

혼자서는 결정하기 쉽지 않으니, 정보를 공유하고 의견을 나누어 보자는 것이다. 자녀를 둔 40대의 어른들이 충분히 나눌 수 있는 내용이다. 그러다 고민 끝에 자식에게 특별한 지원을 해줄 형편이 안 됨을 인정하고, "아이가 학교에서 잘해야겠지"라고 말은 할 수 있다. 이것은 처음부터 아무런 생각을 하지 않는 경우와는 완전히 다르다.

그렇다고 친구들이 윤의 목표를 응원해준 것도 아니다. 오히려 그녀를 무시하고, 그녀의 유학 의지를 깎아내렸다. 윤이 어느 정도 성공할 기미가 보였을 때는 애써 모르는 척하기 바빴다. 이해는 한다. 그렇게 하지 않으면 자신들이 초라해지기 때문이다.

그러나 이러한 관계를 진정한 우정이라고 할 수 없다. 친구들의 입장을 이해한다는 것이지, 그것을 수용할 수 있는 것은 아니다. 친구가 더 행복하지 않기를 바라는 관계를 우정이라고 부를 수는 없지 않은가. 너도나도 더 행복해지지 말고, 이 정도 수준에서 같이 살자는 관계는 우정이 아니라 올가미이다. 그렇기에 윤은 지난 20여 년의 친구 관계를 끊어낸 것이다.

다시 한번 쇼펜하우어의 말을 떠올려보자. 윤의 이십년지기 우정은 겉으로 보았을 때 굉장히 소중한 인연이다. 인생에서 그 정도로 긴 시간 동안 우정을 나눌 수 있는 친구가 있다면 인생의 큰 자산을 가지고 있는 것처럼 여겨지기도 한다.

하지만 실상은 그렇지 않았다. 윤의 이십년지기 우정은 겉으로는 고상해 보여도, 실제로는 윤에게 도움이 되지 못하는 관계이다.

쇼펜하우어가 고독의 중요성에 대해 말한 이유 역시 여기에 있다. 나의 성장에 도움을 줄 수 있는 친구가 아니라면 차라리 혼자 있으라는 것이다. 대화가 되지 않는 사람과 억지로 어울려 시간과 체력을 소비하느니, 차라리 혼자 사색하는 것이 낫다는 것이다.

마흔을 바라보는 윤에게도 과거 이야기와 연예인 가십거리에만 멈추어 있는 대화는 소모적이었다. 심하게 말하면 혼자 있는 것만 못한 시간이었다. 그런 대화를 하면 할수록 오히려 더 외로움을 느끼게 될 것이었다. 더군다나 친구들은 자신을 진심으로 응원하지도 않는다.

그리고 윤은 쇼펜하우어와 달리 앞서 말했다시피 런던에서 그녀의 성장을 진심으로 응원해 주고, 또 깊이 있는 대화가 가능한 사람들을 만나 그들과의 만남에 집중하고 있다. 그녀는 고독 대신 그녀와 결이 맞는 사람과의 우정을 택하였다.

고귀한 우정의 중요성에 대해 스스로 조언하였지만 정작 "나와 같은 수준으로 어울릴 수 있는 사람은 없어"라며 숨어버린 쇼펜하우어와 달랐다.

20대에는 실패하는
우정마저도 의미 있다

『가능한 한 더 빨리 시작하고 최대한 더 많이 실패하라.』

－ 존 크럼벌츠 & 라이언 바비노

자기계발이나 성장 전략에서 자주 인용되는 말이지만, 나는 이 조언이 인간관계에도 그대로 적용된다고 믿는다. 사람을 만나는 일, 가까워지려는 시도, 다가가는 용기 등 이 모든 것에도 연습이 필요하고, 그 과정에는 필연적으로 실패가 따른다. 쇼펜하우어의 조언을 따르겠다며 시도 자체를 회피하는 것보다, 빨리 부딪히고, 실패하여, 빨리 성숙해지는 것이 우리의 삶에는 훨씬 더 큰 이익이 된다.

노력할 것인가, 포기할 것인가

사실 윤과 간호사 친구, 그리고 가정주부 친구 역시 모두 함께 지낼 수 있었다. 어차피 각자 유학, 결혼 생활로 바쁜 와중에 일 년에 몇 번 만나지도 못할 사이다. 중간중간 안부나 전하다, 어쩌다 만나게 되었을 때 적당히 어울리면서 만남을 이어갈 수도 있었다. 다들 그렇게 하듯이 말이다.

그러나 그렇게 만남을 이어가더라도 그 관계가 그렇게 오래 유지되지 못했을 확률이 높다. 몇 년 더 만남이 유지되었겠지만, 그냥 주기적으로 만날 뿐, 우정을 나눈다고 하기에는 어려운 사이가 되었을 것이다. 그러다 결국에는 흩어지게 되었을 수도 있다. 각자의 삶의 결이 다르기 때문이다.

다만, 노력할 수는 있었다. 세 사람이 삶의 결을 어느 정도 맞추어, 더 오래 함께할 수 있도록 말이다. 그리고 이때 더 노력해야 하는 쪽은 가정주부 친구와 간호사 친구이다. 물리적으로도, 정신적으로도 윤이 더 성장했기 때문이다. 함께하기 위해 높은 단계에 있는 사람을 낮은 단계로 끌어 내리기보다는, 낮은 단계에 있는 사람이 높은 단계로 올라가기 위해 노력하는 것이 맞다.

가시적인 차이를 메우는 것은 쉽지 않다. 윤이 박사가 되고, 교수까지 되었을 때, 간호사 친구와 가정주부 친구가 그에 준하는 사회적 위치에 오르기는 쉽지 않다.

그러나 정신적인 성장은 가능하다. 친한 친구가 유학을 통해 더 넓은 세상을 경험하게 된 만큼, 자신들도 나름의 방법으로 세상을 더 이해하고, 경험하려고 노력할 수 있을 것이다. 그래서 더 어른스러운 삶을 살고자 했다면 어땠을까? 윤의 해외 경험이나 석사 유학 지식 정도는 요즘 같은 세상에 유튜브를 통해서도 충분히 확인할 수 있다. 물론 직접 경험한 것은 아니기에 이를 이해하고 받아들이는 데 있어 제한은 있겠지만, 그래도 윤과의 대화는 충분히 가능하다.

거듭 말하지만 "자식을 어떻게 키울 것인가"에 대한 주제로 대화만 가능하였어도 세 사람은 함께할 수 있었다. 미래 세대를 생각하고, 걱정한다는 점은 세 사람이 정신적으로 비슷한 수준에 있다는 것의 증거이기 때문이다.

여기서 앞서 소개한 두 배우 커플들의 경우를 다시 생각해 보자. 배우 커플들이 함께할 수 있었던 것은 우정을 나누었던 시간이 길었기 때문이기도 하지만, 서로의 지향점이 같았기 때문이다. 그래서 서로 대화가 가능하고, 응원과 위로가 가능하였다. 기회가 있을 때 배역 자리를 서로 알아봐 주고, 추천해 주는 등 실질적인 도움을 주고받을 수도 있다.

반면 윤과 가정주부, 그리고 간호사 친구는 경우가 다르다. 고등학교 학창 시절이라는 특정한 시기에 친해진 인연이다. 추억이라는 공통 요소가 있지만, 사실 그 이후의 접합점은 없다. "친구니까 친하게 지낸 사이"가 30대 후반까지 이어졌고, 삶의 결이 달라진 지금은 추억으로 연결된 우정의 유효기간도 다 된 것이다.

윤과 친구들의 사례를 보면서 우리가 생각해 봐야 하는 것은 두 가지이다. 하나는 우리 곁에 있는 사람들과 어떻게 하면 더 오래 함께할 수 있는지 생각해 보는 것이다. 우리가 정말로 좋아하는 누군가가 있다면, 그들과 언제까지, 어떤 모습으로 우정을 지속할 수 있을지 생각해 보는 것이다.

예전에 친했던 추억만 가지고 살아간다면 윤과 그 친구들이 그랬던 것처럼 여러분에게도 선택해야 하는 순간이 올 수 있다. 혹은 여러분이 아니더라도, 여러분의 친구가 선택하는 순간이 찾아올 수 있다. 우리는 이미 모두 이런 경험을 겪어보았다.

다른 하나는 배우 커플들, 그리고 윤처럼 자신과 지향점이 같은 사람, 삶의 결이 같은 사람들을 찾는 것이다. 그리고 그들과 함께할 수 있도록 노력하는 것이다. 물론, 쉽지는 않다. 그렇다고 포기할 수도 없다. 일찍이 포기해버리면 그만큼 남은 인생이 외로워지기 때문이다.

예전에는 그래도 노력했던 것 같다

그러나 안타깝게도 최근 우리는 노력보다는 포기하는 경향이 강해진 것 같다. 이미 많이 지쳤고, 그래서 그만 노력하고 혼자 쉬고 싶어하는 것 같다. 요즘 유행하는 MBTI 역시 이러한 현상을 반영하는 듯하다. 서로가 소통하지 않아도 될 핑곗거리들을 적극적으로 만들어내는 것이다. 개성에 대한 설명, 이해가 아니라 서로에 대한 배격의 수단으로 사용하는 것 같다.

"E와 I는 서로 이해할 수 없어."

"T와 F는 대화가 안 돼."

이런 식으로 단정 지어 거리를 만들어내는 식이다.

예전에는 사실 그다지 친하지 않은 사람들끼리도, 성향이 다른 사람들끼리도 함께 어울려 다니고는 했다. 지금 생각해 보면 "왜 같이 다녔던 거지?" 싶은 사이의 사람들도 결국에는 함께 어울렸다. 10년 전만 해도 유튜브도 넷플릭스도 없던 시절이다. 혼자 있으면 심심하고 외로웠다.

시간을 더 거슬러 올라간 과거에는 혼자 있는 것에 대해 부정적인 인식이 심하기도 했다. 지금의 20대들은 이해할 수 없겠지만, 대학교 학생 식당에서 혼자 밥이라도 먹고 있으면, "쟤, 밥 혼자 먹어. 어떡해"라는 동정 어린 시선을 받았다. 내가 많이 듣던 소리다. 그 시절 대학교에는 꼭 친구들끼리 시간을 맞추어 함께 밥을 먹는 문화가 있었는데, 나는 그냥 혼자 밥 먹는 것이 편했다. 그런 나를 동기들이 보고 지나갈 때면 "야, 연락하지, 왜 혼자 밥 먹어." 하며 걱정해 주었다. 일단은 함께한다는 문화가 남아있던 시절이었다.

10여 년 전 지인 예지와 연경의 사례도 참고할 수 있을 것 같아 소개해 본다. 예지와 연경은 항상 붙어 다니던 친구였지만, 둘을 친한 친구라고 부르기에는 어색했다. 두 사람도 사실은 서로가 그렇게 친하지 않다는 것을 알고 있었다. 혼자 있자니 외로워서 만나는 관계였다.

돈이 많은 예지 옆에 연경이 항상 붙어 다녔다. 예지가 재벌집 딸은 아니지만, 사업하시는 아버지 덕에 또래 중에서 경제적으로 여유가 있었다. 반면, 연경은 가난하다고 할 수는 없어도, 또래 중에서는 여유가 없는 편이었다.

그래서 두 사람이 함께 놀러 다니면 예지가 돈을 더 많이 쓰고, 연경은 그런 예지에게 적당히 맞춰주는 관계였다. 연경이 예지에게 비굴하게 굴지는 않았지만, 예지가 연경을 살짝 무시하는 것 또한 사실이었다. 대충 어떤 관계인지 상상이 될 것이다. 굳이 더 설명하자면《더 글로리》에서 박연진과 최혜정 관계의 아주아주 약한 버전이라고 생각하면 되겠다. 물론, 나쁜 짓은 하지 않으면서 말이다.

어느 날 예지에게 물어보았다. 너희 둘은 사실은 그렇게 친한 것 같지도 않은데, 왜 같이 다니냐고 말이다. 그때 예지는 "얘 아니면, 같이 다닐 친구도 없어"라고 답했다. 수긍은 되었다. 예지 역시 누군가와 쉽게 어울릴 수 있을 만큼 좋은 성격은 아니었다. 그래서 친구가 적었다. 그런 와중에 경제적으로 이득을 볼 수 있는 연경이 항상 예지 옆에 붙어있었다. 그렇게 서로에게 필요해서 함께 있었다.

한편으로는 이런 친구라도 있는 것이 낫지 않나 하는 생각도 해본다. 혼자 있어 외로워지느니, 누구라도 옆에 있는 것이 낫다는 생각에서다. 그리고 20대 때는 그런 관계가 서로에게 득이 되기도 한다. 혼자서는 어렵지만, 함께여서 할 수 있는 경험들도 있으니 말이다. 특히, 연경의 입장에서는 예지의 덕을 많이 볼 수 있다. 또 당장 친하지는 않더라도, 시간이 흘러 정이 더 들면 그래도 더 친해질 수 있지 않을까 하는 생각도 해본다. 혹은 함께 어울리는 와중에 서로에게 더 잘 맞는 다른 친구들을 만날 수도 있을 것이다.

그러나 역시 관계가 오래 이어질 것 같지는 않다는 결론에 이른다. 윤과 그의 친구들과 같은 이유에서 그렇다. 그리고 실제로 예지와 연경 역시 지금은 더 이상 만나지 않는다.

예지와 연경의 사례에서도 짐작하듯이, 과거에 비해 사람들은 점점 더 고립되어 가는 듯하다. 동시에 그때는 그래도 노력은 했던 것 같다. 예지와 연경 역시 그랬다고 볼 수 있다. 그게 자의이든, 사회적 분위기 때문이든 말이다.

좋은 우정을 유지하는 것도 연습이 필요하다. 좋은 친구란 편의점에서 물건 고르듯이 선택할 수 있는 것이 아니다. 돈이 많다고 해서 좋은 친구를 만날 수 있는 것도 아니며, 좋은 친구를 만났다고 해서 반드시 좋은 관계를 오래 유지할 수 있는 것도 아니다. 좋은 친구를 만나도 서로에게 해가 되는 관계로 발전할 수 있다. 연애만큼은 아니라고 하지만, 결국 친구 간의 우정 역시 연습이 필요하다.

예지와 연경의 세대는 그래도 자신과 맞지 않는 사람과 억지로라도 어울리려고 노력해 본 세대다. 그래서 다른 누군가를 새로 만나는 것 역시 비교적 쉬울 수 있다고 생각한다. 예지와 연경은 더 이상 만나지 않지만, 나이가 든 지금은 각자의 위치에서 삶의 결이 비슷한 사람을 찾았을 수도 있다.

"어렸을 때 그런 친구와 있어 봤는데, 별 의미 없더라."

그러면서 이제는 다른 관계의 우정을 쌓고 있을까? 그러고 있다면 자기 자신과 어울리는 사람과의 관계에 집중하는 것이겠다.

혹, 삶의 결이 같지 않더라도 자신에게 필요한 사람들과 다시 적당히 어울리며 살 수도 있다. 이건 이미 어렸을 때 해본 일이다. 그래서 만약 결혼하지 않고 혼자 살아가게 되더라도 스스로 외롭지 않고, 큰 어려움에 빠지지 않을 정도로 주변에 사람이 있을 수 있다. 서로 구시렁거리고 뒷담화하면서도, 그래도 서로 맞춰 살아갈 수 있을 것이다.

그리고 이것은 우리 역시도 가정해야 할 현실적인 가능성이다. 모든 사람이 배우 부부들이나 윤처럼 자신과 결이 꼭 맞는 사람을 찾으리라는 법은 없다. 어쩌겠는가. 외롭기 싫으면 적당히 나랑 맞지 않는 사람과도 어울리며 살아가야 한다.

그러나 20대 때부터 혼자 있기를 선택한 사람들이 과연 마흔이 되었을 때 이것이 가능할지 의심된다. 불가능하지는 않겠지만, 어려움은 훨씬 클 것이다.

결국 또 당연한 이야기를 강조하게 된다. 우리는 서로 결이 비슷한 사람을 만나기 위해 노력해야 한다. 그리고 그 노력에는 젊은 시절 나와 맞지 않는 사람과도 함께 지내보고, 엉켜보는 시간 역시 포함될 수 있다. 성공하지 못할 것 같으니 혼자 있기를 선택하는 것이 아니라, 실패하더라도 나중의 성공을 위해서 노력해야 한다.

조금 더 노력하자

정신분석학자 칼 융은 외로움이 단지 사회적 고립이나 공동체의 결여에서만 오는 것이 아니라는 점을 지적했다. 자기가 중요하게 여기는 가치나 생각을 타인에게 전달할 수 없거나, 자신의 관점이 인정받지 못할 때도 외로움을 느낄 수 있다. 함께 있더라도 소통할 수 없다고 느껴지면 외로움을 느낄 수 있다.

따라서 매번 같은 이야기를 반복해야 하는 상황에서 권태나 외로움을 느끼느니, 차라리 혼자 있기를 선택하게 된다. 그러나 나는 이들에게 조금 더 노력하자고 말하고 싶다. 요즘 같은 시대에는 서로 연결될 방법도 얼마든지 있다. 다들 조금씩 더 노력하면 될 텐데, 그러지 않을 뿐이다.

예를 들어, 주변에 독서 모임을 나가는 지인들이 있다. 예전에는 그것이 그렇게 좋게 보이지 않았다. 정작 본인의 실제 삶은 전혀 변하지 않으면서 책을 읽고 "뭔가를 배웠다, 똑똑해졌다, 스스로 발전했다"라는 헛된 만족감만 느끼는 듯했다. 당장 나 역시 착각에 빠져 잘난 체하는 경우의 전형이었으며, 주변에도 그런 착각에 빠진 사람들이 있었다. 그래서 더욱 경계했던 것 같다.

그러나 요즘은 생각이 바뀌었다. 그런 모임이라도 참석하지 않으면 깊은 대화를 할 기회가 정말 없어져 버린 것 같아서다. 다시 한번 윤과 친구들의 예를 생각해 보면 되겠다. 어쩌면 윤이 고등학교 친구들에게 실망하였던 것처럼 우리도 서로에게 실망하고 있을 수 있다. 영양가 없는 이야기만 하는 친구 관계에 질려서, 차라리 혼자 있기를 선택하고 만다.

그럼에도 성숙해지고 싶은 욕구는 있다. 그 때문에 독서 모임을 가는 것이겠다. 책을 읽고 똑똑해진다는 느낌을 받기 위함이 아니라, 다른 사람의 의견을 듣고 내 생각을 정리하는 기회로 삼고 싶은 것이다.

물론, 대화하는 것만으로 성숙해지는 것은 절대 아니다. 말만 번지르르하게 하는 것은 분명 경계해야 한다. 그러나 그런 말이나 생각조차 하지 못하게 되는 것 역시 경계해야 한다.

내가 대학생이던 시절, 소위 '선비질'에 대한 혐오 같은 것이 있었다. 너무 교과서적인 말을 하거나 성적으로 엄숙주의를 택하거나, 유머를 이해하지 못한 채 원론적인 이야기를 하는 사람에게 선비 같다며 핀잔을 주곤 했다. 사회 비판이나 가치에 대해서 논하려는 사람들에게도 선비같이 굴지 말라며 핀잔을 주었다. 그냥 편하게 즐기고 농담하고 함께 웃으며 넘어가면 되는데, 왜 어울리지 못하고 선비처럼 구냐는 것이었다. 20대 때는 그렇게 어울려 재미있게 노는 것이 맞는 줄 알았다.

그러나 시간이 지나 30대가 되고, 또 40대에 이르렀다면 이제는 다른 주제로 더 깊게 대화할 수 있어야 하는데 그러지 못하고 있다는 생각이 든다. 여전히 웃고, 즐기는 위주로만 가볍게 말하는 것이다.

그 이유 중 하나가 20대 때 친구들과 대화하는 연습을 소홀히 해서 그런 게 아닐까. 해본 적 없는 시도를 하려니 어색한 것이다. 그러니 마흔이 되어가면서도, 유학 다녀왔다고 생색내지 말고, 놀던 대로 놀자고 했던 게 아닐까.

그러니 지금의 20대들은 조금씩 연습했으면 한다. 꼭 대학 발표 시간에만, 에세이와 논문에서만 사회 비판적인 생각, 자아 성찰을 요구하는 이야기를 해야 하는 것은 아니지 않는가. 이제 갓 입사한 직장에 적응하느라, 돈 버느라, 애 키우느라 생각할 시간이 없다고만 하면, 앞으로도 발전은 없을 것이다.

물론, 여전히 걱정스러울 수 있다. 말과 행동에서 나오는 괴리감 때문에 서로에게 실망하고, 스스로에게 실망할 수 있다. 심지어 상대방이나 자기 자신이 가증스러울 수도 있다. 그럼에도 연습해야 한다. 어쩌면 그 과정에서 어느 정도의 인간적인 결함이 보이더라도 서로 적당히 넘어가 주는 배려도 필요하지 않을까 생각한다.

말과 행동이 달라지는 것을 두려워해서, 그런 것들에 대해 일절 이야기하지 않게 되니, 아무렇게나 살아도 되는 사회가 된 것 같다. 그러다 보니 돈 많으면 이렇게 살아도 된다는 듯 떳떳하게 돌아다니는 버닝썬 사태의 주동자들이 나타나게 된 것이다. 예전 같으면 부끄러움을 느끼고 숨어버렸을 일인데 말이다.

세상을 경험하고
욕망하라

『제대로 잘된 인간은 자신의 욕구나 욕망을 통해 진정한 자신을 재발견했다. 다시 말해 진정으로 행복한 삶을 살려면 자신이 원하는 것, 소유하고 싶은 것, 삶에서 체험하고자 하는 것이 무엇인지를 알아야 한다. 인간말종은 그저 즐거운 소일거리에만 매달리는 삶을 산다.』

− 니체, 《짜라투스트라는 이렇게 말했다》 중

아무것도 경험하지 않고, 욕망하지 않는다면 조금 심하게 말해서 스스로의 삶을 파괴하고 있다고 할 수 있다. 경험하고 욕망하자. 쇼펜하우어가 아닌 다른 많은 철학자, 현인들이 오래전부터 조언해왔던 바이다.

움직이지 않으면 아무 일도 일어나지 않는다

과거는 달랐다. 학교에서 시키는 대로 공부하고 묵묵히 주어진 일만 잘 수행하면, 그래도 한 사람 몫은 하며 살 수 있었다. 물론 상대적인 빈부 격차는 존재했지만, 대부분은 어떻게든 일자리를 구할 수 있었고, 그 일자리 하나만으로도 먹고 사는 데 큰 문제가 없었다. 생각 없이 살아도 되는 시대였다. 아니, 오히려 생각이 많으면 손해라는 분위기도 있었다. 주어진 길을 따라가기만 하면 됐기 때문이다.

하지만 지금은 다르다. 우리는 이제 기회 자체가 줄어드는 시대를 살고 있다. AI, 자동화, 로봇 생산자 같은 단어들이 일상이 되었고, 뉴스에서는 일자리가 사라지고 있다는 보도가 반복된다. 그리고 그 변화는 먼 이야기가 아니라, 우리 삶의 속도와 방향을 실제로 바꾸고 있다. 많은 이들이 이를 피부로 느끼고 있을 것이다.

기회가 있다고들 말한다. 그러나 그 기회는 모두에게 평등하게 돌아오지 않는다. 오히려 지금의 기회는 '깃발 뺏기'에 가깝다. 누군가 먼저 깃발을 잡으면 그 자리는 끝이다. 과거에는 저 먼발치 어디에 깃발이 있다는 것을 알고 있었기에 그저 열심히 달리기만 하면 되었지만, 이제는 그 깃발이 언제, 어디서, 어떤 모습으로 나타날지도 알 수 없다. 어쩌면 이건 두더지 게임에 더 가깝다. 두더지가 튀어나오는 구멍을 바라볼 수 있어야 하고, 그 순간이 왔을 때 누구보다 빠르게 반응해야 한다.

그렇기 때문에 경험이 중요하다. 많이 부딪혀본 사람이, 더 넓은 세상을 본 사람이 기회가 어디서 나올지를 더 잘 알아본다. 실패해본 사람이 기회를 더 빨리 잡는다.

그렇기 때문에 강조하고자 한다. 지금 같은 시대에서, 특히 인생의 기틀을 다져야 하는 20대에게 고립은 치명적이다. 움직이지 않으면 아무것도 보이지 않는다. 부딪히지 않으면 내게 맞는 길이 어딘지도 알 수 없다. 방 안에서 고통을 피하며 살아가려다 보면 나중에는 기회도, 방향도, 나를 증명할 무대도 사라진다. 생존조차 경쟁이 되어버린 시대에 움직이지 않는 삶은 선택이 아니라 포기다.

세상과 교류한다는 데에는 또 다른 이점이 있다. 어쩌면 지금 내가 함께하고 있는 이들 중 누군가는 언젠가 기회를 잡을지도 모른다. 스스로는 성공이라 부를 만한 성과를 아직 이루지 못했지만, 그런 기회의 순간에 그 곁에 있다면 반사이익을 얻을 수 있을 것이다. 이 또한 하나의 생존 전략이고, 삶의 방식이다.

실제로 그런 일은 세상에 무수히 많다. 애플의 스티브 잡스가 복귀한 이후, 그가 주목한 한 사람이 바로 조너선 아이브였다. 조용하고 내성적인 디자이너였던 아이브는 잡스라는 인물 옆에 있었기에 자신의 디자인 철학을 펼칠 무대를 얻었고, 결국 아이폰·아이맥·아이패드라는 혁신의 중심에 서게 되었다. 그가 스스로 모든 것을 이뤄낸 것은 아니지만, 함께 움직이고 연결되어 있었기에 기회를 자기 것으로 만들 수 있었다. 연결은 단순한 '의존'이 아니라, 상호작용 속에서 피어나는 기회였다.

이건 꼭 유명한 사람들 사이에서만 일어나는 일은 아니다. 가까운 친구 사이에서도 마찬가지다. 어떤 친구는 유학 중에 창업 아이디어를 떠올리고, 또 어떤 친구는 회사를 그만두고 새로운 길을 걷기 시작한다. 그 옆에 있다가 때론 그저 도와주다가, 함께 새로운 일을 시작하게 되는 경우가 있다. 나 혼자만의 능력으로 만든 길이 아닐 수도 있지만,

그 연결이 기회로 이어졌다면 그것도 내 삶의 일부다.

결국 모두가 성공할 수 있는 건 아니다. 하지만 성공하는 사람 곁에 머무는 것조차 기회를 만드는 방법이 될 수 있다. 그러니 혼자만의 방에 갇히기보다는, 조금씩이라도 세상과 연결되어 있어야 한다. 움직이지 않으면 아무 일도 일어나지 않는다. 기회는 준비된 자에게 오는 것이 아니라, 움직이는 자의 곁을 스쳐 지나가는 것일지도 모른다.

두려움을 이겨내고 경험하자

독자들 중에는 이렇게 말하는 분도 있을 것이다.

"그런데 난 아직 준비가 안 됐는데요."

"나는 아직 제대로 된 게 없는데요."

그 마음, 나도 잘 안다. 나도 그랬다. 솔직히 말하면 여전히 겁내고 있는 상태니까. 그래서 이 글에서 감히 훈계하듯 말할 수는 없다. 그저 내가 빌려온 몇 사람의 말, 그리고 내 경험을 나눌 뿐이다.

스탠퍼드대학교의 '성공 프로젝트' 연구를 담은 『더 빠르게 실패하기』에서, 존 크럼볼츠와 라이언 바비노는 완벽한 타이밍이란 없으니, 가능한 한 빨리 시작하고, 더 많이 실패하라고 주장한다. 이 말은 단순한 조언이 아니다. 지금 이 시대에 살아가는 우리가 채택할 수 있는 가장 현실적인 생존 전략이다.

그들에 따르면, 행동은 완성된 사람만이 할 수 있는 것이 아니다. 오히려 행동은 불완전한 사람이 자신에게 부여하는 용기이자 선언이다. 나는 아직 다 준비되진 않았지만 그래도 해보겠다고 말할 수 있는 사람만이 앞으로 나아간다. 실제로 준비되면 하겠다는 말은 솔직히 말해 끝내 하지 않겠다는 말의 부드러운 포장일 수도 있다.

나도 그런 사람이었다. 늘 언젠가는 책을 써야겠다고 생각했다. 하지만 그 시점을 늘 박사학위를 딴 이후로 미뤄두었다. 박사학위를 따면 책을 쓸 자격이 생긴다고 생각했다. 보다 정확하게 말하자면, '그 정도 타이틀은 있어야 내 부족함을 감쌀 수 있겠지'라는 마음이었다. 결국 그것은 두려움이었다. 불완전한 나를 세상에 드러내는 것이 두려웠다고 해야겠다. 그렇게 시간을 흘려보냈고, 결국 나는 아무것도 하지 않은 사람이 되었다. 더는 핑계 댈 수 없다는 걸 받아들이고 나서야 비로소 지금 이 글이라도 쓰게 되었다.

아이러니한 건, 나이가 들수록 시작은 더 어려워진다는 사실이다. 20대였다면 훨씬 가벼운 마음으로 시작했을 것이다. 그때는 모른다는 게 무기였고, 이해받는다는 전제가 있었다.

실제로 20대 시절 내 주변에는 그런 자세로 겁 없이 책을 쓴 친구들도 있었다. 대단한 내용을 담고 있었던 것은 아니지만 그건 중요하지 않았다. 용기 있게 움직였다는 것, 그 사실만으로도 충분히 인정받을 수 있었다.

하지만 마흔이 넘은 지금 무지는 더 이상 변명이 되지 않는다. 내가 무엇을 안다고 말하는 순간, 세상은 검증하려 든다. 그래서 때로는 그냥 모르는 채로 말할 시기가 인생에선 아주 큰 기회일 수도 있다.

나는 지금 용기를 내고 있다. 철학 전공자도 아닌데, 쇼펜하우어에 대해 조금 틀리게 말한다고 해도 어쩌겠는가. 그를 하나의 도구로 삼아 내가 전하고 싶은 이야기를 풀어보자고 마음먹은 것이다. 그리고 문득 생각하게 된다. 조금 더 일찍 용기를 냈더라면 어땠을까. 조금 더 일찍 움직였더라면 지금은 더 능숙해져 있지 않았을까.

그래서 청년들에게 이 말을 전하고 싶다. 20대는 실패해도 비교적 괜찮다. 민망할 수도 있다. 상처받을 수도 있다. 하지만 다시 일어설 수 있는 시간은 남아있다. 어쩌면 경제적으로도 그렇다. 아직 부모님의 도움을 받을 수 있는 경우도 있다. 실수나 실험이 어느 정도는 배움의 과정으로 받아들여지는 시기다. 어떻게든 다시 정비할 수 있는 시기, 바로 그 시기에 움직이는 것이 현명하다.

반면, 30대에는 조금 더 조심스러워진다. 선택의 기회비용이 커지고, 무언가를 포기하지 않으면 아무것도 얻을 수 없는 시기가 된다. 누군가의 도움을 받는 것이 아니라, 누군가를 책임져야 하는 시기로 들어선다. 그리고 40대에 들어서면, 하나의 선택이 곧 생계와 직결되는 일이 된다.

그러니 기회가 열려 있고, 실패의 여지가 허용되는 시기, 20대에 가장 큰 용기를 내야 한다. 스스로가 가난하다고 생각하면 더욱더 서둘러야 할 것이다. 부자들처럼 시간과 기회를 돈으로 살 수 없으니 말이다.

결국 쇼펜하우어의 조언은 이 시기와 어울리지 않는다고 생각한다. 타인과의 관계는 피곤하니, 고요 속에서 내면의 평안을 찾으라는 조언은 우리를 움직이지 못하게 한다. 그러나 우리는 알고 있다. 세상은 고통스럽고 혼란스럽고 어쩌면 잔인할 만큼 냉정하지만, 그 안으로 들어가지 않으면 아무 일도 일어나지 않는다. 충돌하고, 어긋나고, 실망하고, 또 방향을 바꾸며 살아가는 과정 그것이 바로 성장이며 삶이다. 그러니 어렵더라도 다 같이 노력하자.

삶을 두려워 말고 욕망하라

"욕심부리지 말라"는 쇼펜하우어의 조언에 반대되는 철학자들이 있다. 그중 대표적인 인물이 프리드리히 니체다. 니체는 쇼펜하우어의 금욕주의를 강하게 비판하며, 인간은 삶을 더 강하게 긍정해야 한다고 주장했다. 욕망과 의지야말로 우리를 살아 있게 만드는 힘이며, 그가 말한 '권력에의 의지'는 단순한 권력욕이 아니라 더 강하게, 더 창조적으로 존재하고자 하는 본능이다. 욕망은 나약함이 아니라 삶을 향한 의지의 표현이다. 니체는 오히려 욕망을 억누르려는 태도를 삶을 회피하는 약자의 전략으로 보았다.

니체가 다소 과격하게 느껴진다면, 철학자 질 들뢰즈의 관점을 떠올려보자. 들뢰즈에게 욕망은 단순한 결핍의 반영이 아니라, 무언가를 만들어내고 조직하는 창조적 에너지다. 그는 욕망을 파괴의 힘이 아닌 생산의 힘으로 보았고, 억눌린 욕망은 병이 되지만 자유롭게 흐르는 욕망은 새로운 질서와 삶의 가능성을 만들어낸다고 말했다. 들뢰즈는 욕망을 정죄하지 않았다. 오히려 욕망이 이끄는 방향을 따라 어떤 삶을 상상하고 창조할 수 있을지를 고민하라고 했다.

심리학자이자 철학자인 에리히 프롬 역시 욕망을 긍정한다. 그에 따르면 '존재하려는 욕망'은 인간을 더 깊이 있는 삶으로 이끌고, 성숙한 인간이 되도록 만든다. 더 나은 내가 되고 싶은 마음, 타인과 사랑으로 연결되고 싶은 마음. 그런 욕망은 우리를 피폐하게 만들지 않는다. 오히려 우리를 살아 있게 하고, 앞으로 나아가게 한다.

프롬은 존재하려는 욕망과 대비해 '소유하려는 욕망'이 자칫 우리를 병들게 할 수 있다고 보았지만, 나는 그조차도 너무 부정할 필요는 없다고 생각한다. 더 나은 존재가 되고자 하는 여정의 출발점에는 지금보다 더 나은 것을 즐기고, 누리고 싶은 마음도 포함되기 때문이다. 사치는 경계해야 하겠지만, 더 나은 수준의 삶을 욕망하는 것은 결코 부끄러운 일이 아니다.

예컨대 곧 출시될 새 아이폰이 눈에 들어올 수 있다. 그것을 사기 위해 아르바이트를 하며 열심히 돈을 모은다. 하지만 지금 하고 있는 일만으로는 부족하다는 생각에 다른 수입원을 찾게 된다. 유튜브를 통해 수익을 낼 수 있을지 고민해 볼 수도 있다. 그러면서 자연스럽게 내가 가진 자산은 무엇인지, 어떤 가능성을 더 키우고 활용할 수 있을지를 생각하게 된다. 그렇게 내 장점과 역량을 갈고닦으며 조금씩 앞으로 나아간다.

아이폰을 예로 들었지만, 누군가 멋진 사람을 만나고 싶다는 욕망도 다르지 않다. 그 사람을 만나기 위해 외모나 성격을 가꾸고 자신을 발전시키려 노력하는 것이다. 모두 성장의 과정이다. 결국 중요한 건 욕망을 없애는 것이 아니라 무엇을 욕망할 것인가, 그리고 어떻게 욕망할 것인가이다.

그런데 쇼펜하우어의 영향으로 욕망 자체를 부끄러워하는 분위기도 있다. "욕망하는 건 유치하다", "그건 너무 세속적이다"라며 쿨한 척하지만, 사실은 실패가 두렵고 상처받기 싫어 처음부터 포기하는 선택을 하고 있는지도 모른다. 마치 아마존 원주민들이 도시보다 마을이 낫다고 스스로를 위안하는 것처럼, 쇼펜하우어를 흉내 내며 아무것도 원하지 않는 척하지만 그 이면엔 자기기만이 숨어 있을 수 있다. 지긋하게 나이 든 시점이라면 몰라도 아직 젊은 시절이라면, 조금 더 욕망해도 괜찮다.

그럴 때는 앞서 언급한 철학자들의 목소리를 떠올리자. 욕망하자. 건강하게 욕망하자. 그리고 그 욕망을 성장의 연료로 바꾸자. 궁극적으로는 그 방향을 정신적인 성숙으로 이끌어가자.

영국의 철학자 존 스튜어트 밀은 "배부른 돼지보다 배고픈 소크라테스가 낫다"고 했다. 궁극적으로는 우리도 결국 그런 삶을 지향해야 할 것이다. 그러나 소크라테스를 닮아가는 출발점은 자신의 욕망을 인정하는 데 있을지 모른다.

그러니 지금 당신 안에서 꿈틀대는 어떤 욕망이 있다면, 부끄러워하지 말자. 그 욕망이 당신을 움직이게 하고, 그 움직임이 결국 당신만의 길이 된다. 욕망은 숨겨야 할 것이 아니라, 삶을 향한 당신의 가장 정직한 목소리다.

6B

성장을 멈추지 말고
사랑하라

『결국 인간의 사랑도 다른 동물들과 다를 바 없이 종족 번식과 유지를
목표로 하는 것이다.』

『사랑하지도 말고, 미워하지도 말아라. 이것이 지혜의 절반에 해당된
다. 아무것도 말하지 말고, 아무거도 믿지 말아라. 그것이 지혜의 나
머지 절반이다.』

20대들에게 사랑하지 말라는 쇼펜하우어의 조언은 위험하다. 외로
움이라면 모르겠지만 "개인의 성장"이라는 점에 있어서는 우정이라는
관계에도 어느 정도 한계점이 있다. 그리고 우정이 지니는 한계점은

사랑이라는 감정이 보완해줄 수 있다. 지금부터 소개해줄 아룬과 메릴의 사례에서 볼 수 있는 것처럼 말이다.

아룬과 메릴의 이야기

런던에서 석사를 한 아룬은 인도의 시골 마을의 가난한 집안 출신이다. 위로 형, 누나들이 있지만 집안 형편 때문에 형과 누나는 대학을 가지 못했다. 다행히 아룬의 경우에는 부모님의 지원으로 대학에 진학할 수 있었다.

대학을 간 것만 해도 시골 출신의 아룬에게는 엄청난 행운이다. 형제, 자매들 그리고 주변의 다른 친구들은 가지 못하는 대학에 진학하였으니 말이다. 그리고 일단 대학에 진학하였으니 적당히 노력하면 지방의 작은 기업이나 관공서에 취업해볼 만했다. 그랬다면 유복하지는 않더라도, 최소한 부모님 세대보다는 나은 수준으로 살아갈 수 있었을 것이다. 처음에는 아룬도 그렇게 살아가려 했다.

그러나 아룬의 세상은 프랑스인 여자 친구 메릴을 만나면서 크게 바뀐다.

메릴은 대학원을 졸업하고 1년 정도 인도에 봉사활동을 왔을 때 아룬을 만났다. 당시 아룬은 관공서에서 잠시 일하고 있었는데, 업무상 오며 가며 메릴을 만나다 두 사람이 친해지게 되었고, 곧 연애하게 되었다. 시간이 흘러 메릴은 본국인 프랑스로 돌아가게 되었지만, 두 사람의 사이는 거리와는 상관없이 계속 지속되었다.

메릴은 아룬에게 공부를 더 해볼 것을 권했다. 그리고 가능하면 런던으로 유학할 것을 권했다. 메릴 본인도 프랑스의 작은 지방에서 태어나 대학은 파리에서 다녔고, 석사는 런던에서 하였다. 그래서 더 큰 환경, 국제적인 환경으로 갈수록 시야가 넓어지고, 더 많은 기회가 생길 수 있다는 점을 잘 알고 있었다. 그래서 아룬 역시도 인도의 작은 시골 마을 생활에 만족하는 것이 아니라, 더 큰 세상으로 나오기를 바랐다.

연인 관계를 우선하면 자신이 있는 파리로 오라고 권유할 수도 있었다. 그러면 남자 친구를 더 자주 볼 수는 있었을 것이다. 그러나 이미 영어를 잘하는 아룬에게는, 영어를 바탕으로 경험을 더 활발하게 할 수 있는 런던이 나을 것이라고 생각했다. 그래서 아룬에게 런던을 권유한 것이다. 런던에서 파리까지의 거리야 멀지도 않으니 크게 문제 되지 않았다. 물론 아룬의 영어 실력, 학업 능력에 대한 믿음이 있기에 가능한 것이기도 했다. 아룬 정도라면 석사에 합격할 수도 있고, 또 실제로 유학 생활도 잘 해낼 것이라고 믿었다.

그러나 문제는 있었다. 가난한 아룬의 집안 형편상 유학할 형편이 되지 못했다. 그러나 메릴은 포기하지 않았다. 현실적인 어려움은 있지만, 일단 지원은 해보자며 아룬을 격려했다. 그리고 아룬이 지원할 수 있는 인도나 영국의 장학 프로그램이 있는지 직접 알아봐 주었다. 물론, 알아봐 준다고 해서 딱히 뾰족한 수가 생겼던 것은 아니지만, 그만큼 메릴이 아룬의 미래를 신경 썼다는 것이다.

아룬은 처음에는 그렇게 적극적이지 않았다. 전에 생각해 보지 못했던 메릴의 제안이 불편하기도 했다. 경제적인 어려움, 고향과 가족을 떠나야 한다는 점, 그리고 스스로 공부를 더 해도 되는 것인지에 대한 의구심 등이 문제가 되었다. 그러나 이내 마음을 고쳐먹고, 일단 준비해 보기로 했다. 만약 합격에 성공하면 자금은 어떻게든 마련해보자는 쪽으로 마음을 굳혔다.

그리고 아룬은 런던대학교에 합격했다. 우려하던 유학 비용 역시 해결되었다. 일단 합격이 되자 아룬의 친가와 외가 친척들이 모두 십시일반으로 돈을 모아 유학 자금을 마련해준 것이다. 여기에 아룬이 그동안 모아두었던 돈까지 더하니, 비록 풍족하지는 않지만 어찌어찌 유학 생활을 할 만한 돈이 준비되었다.

여자 친구인 메릴의 도움으로 이전에는 생각하지 못했던 꿈을 꾸고, 주변 사람들의 도움을 받아 석사에 합격한 것이다. 메릴 때문에 합격하지 못할 사람이 합격한 것은 아니다. 그러나 혼자서는 생각하지 못했던 자기 발전의 가능성을 메릴이 가르쳐 준 것이다.

아룬과 메릴의 연애는 초기 1년 정도를 제외하면 언제나 장거리 연애였다. 아룬의 런던대 석사 합격 이후 두 사람은 영국과 프랑스를 오가며 사랑을 이어갔다. 아룬이 석사 과정을 밟는 동안, 메릴은 파리에서 직장 생활을 하였다. 한 달에 한 번 정도 만나, 며칠씩 같이 있었고, 방학에는 둘이 같이 여행을 가거나, 메릴의 고향으로 함께 가는 등 조금 더 오래 있었다. 내게 정확하게 알려주지는 않았지만 메릴이 돈을 더 쓰는 것 같았다.

석사 과정을 이수하는 동안 아룬은 박사 과정에도 지원하였다. 본래는 메릴이 있는 파리의 대학을 목표로 하였다. 여자 친구가 있는 도시이기도 한데다, 자신이 관심 있는 분야를 지원해줄 수 있는 교수님들이 계셨다. 그러나 박사 과정을 지원하는 와중에 영국의 케임브리지 대학에도 합격했고, 또 스위스의 한 대학에도 합격하였다.

고민 끝에 아룬은 스위스의 대학을 선택한다. 케임브리지는 욕심이

나지만 학비를 충원할 수가 없었다. 메릴이 있는 파리 역시 욕심이 났지만, 그곳도 장학금을 받을 수 있을지가 불투명했다. 그러나 스위스 대학에서는 보조금 형식으로 장학금이 지원되었다. 그리고 메릴이 있는 파리와도 항공편으로 쉽게 이동할 수 있었다.

아룬이 박사를 처음 시작할 때 메릴은 경제적으로 지원하였다. 일단 박사가 시작되면 장학금이 나와서 어떻게든 생활할 만한데, 처음 정착 비용이 들었다. 메릴은 아룬이 크게 부담을 느끼지 않는 선에서 돈을 지원해주었다. 물론, 나중에 돈은 다 갚았다.

다시 아룬은 스위스에서 박사 생활을, 메릴은 파리에서 직장 생활을 하며 장거리 연애를 했다. 두 사람은 스위스와 프랑스를 오갔다. 여기에 박사 과정 동안 1년 정도는 연구를 위한 현지조사 차 아룬이 인도에 가 있어야 했다. 이때는 메릴이 인도에 가거나, 두 사람이 시간을 맞추어 동남아를 짧게 여행하였다. 이런 식으로 두 사람은 수년째 장거리 연애를 계속하고 이어갔다.

특이한 커플이라고 생각한다. 이 커플은 함께 있는 시간보다 떨어져 있는 시간이 훨씬 더 많다. 그렇게 오랜 시간을 떨어져 있다 보면 서로 다른 사람들을 만나 볼 법도 한데, 두 사람은 서로에게 충실하면서 수년간 사랑을 이어가고 있다.

일반적인 연애 개념으로는 이해하기 쉽지 않은 것 같다. 우리의 관점에서는 커플이라면 당연히 같이 있어야 하고, 뭐든지 함께해야 한다고 생각하기 쉬우니 말이다. 아룬의 입장에서는 메릴에게 도움받은 바가 있어 미안한 마음에 다른 사람을 만나지 못하는 것인가 싶은 생각도 해보게 된다. 내가 알고 있는 아룬의 성격이라면 그런 마음도 있을 것도 같다. 메릴에 대한 의리 같은 것 말이다.

그러나 그런 마음을 제외하더라도, 다른 사람을 딱히 만나보고 싶다는 욕심도 아룬에게는 크게 없는 것 같다. 아마도 메릴에게서 느끼는 정서적·정신적 교감에서 만족감을 크게 느끼는 것 같다.

메릴의 입장에 대해서는 잘 모르기는 하지만, 아마 이것은 메릴도 비슷하지 않을까 추측해 본다. 그렇지 않다면 그렇게 오랜 시간 동안 장거리 연애가 지속되기 쉽지 않을 것이기 때문이다. 이렇게 생각하면 아룬과 메릴은 내가 알고 있는 사람들 중에서 가장 정신적인 교감을 많이 하는 커플이다.

우정은 하지 못하는 사랑의 힘

그러나 두 사람의 장거리 연애보다도 훨씬 더 큰 귀감이 되는 것은, 메릴이 아룬의 세상에 미친 영향력이다.

아룬은 영국 유학을 통해서 성장했다. 현재의 삶도, 앞으로 꿈꿀 수 있는 미래의 모습도 전에 비해 훨씬 나아졌다. 이 정도면 충분히 성공했다고 표현할 만하다. 그리고 아룬의 삶이 나아지는 데 있어서 큰 역할을 한 것이 메릴의 존재다. 단순히 그녀가 물질적으로 도움을 주어서가 아니다. 앞서 말했듯이 메릴의 존재가 아룬에게 큰 동기부여가 되었기 때문이다.

메릴이 없었다면 아룬이 유학을 결심했을 것 같지 않다. 한 번쯤 생각해 볼 수 있었겠지만, 그렇게 적극적으로 욕심내지 않았을 것 같다. 그리고 안 될 이유들을 여러 가지 만들어서 일찍 마음을 접었을 것도 같다. 우리가 흔히 목표했던 바를 포기하거나, 중단하는 그런 방식으로 말이다.

그러나 아룬은 유학만이 사랑하는 사람과 함께 있을 수 있는 유일한 길이라는 것을 이해했다. 아룬이 유학을 결심하지 않으면, 메릴과의 관계는 오래 지속되지 못했을 것이다. 한동안 유지야 될 수 있었겠지만, 결국 이별은 시간문제이다. 그 때문에 사랑하는 메릴과 함께하기 위해서라도 아룬은 유학을 해야만 했다. "반드시 해내겠다"라는 마음까지는 아니었더라도, "그래도 최선을 다해보자" 정도의 마음가짐은 가지게 된 것이다.

즉, 적어도 유학 준비 시기에 있어서 아룬의 주요한 동기는 막연한 미래에 대한 희망이나 학업에 대한 열정보다, 사랑하는 사람과 함께하고자 하는 마음이었다. 그렇기 때문에 혼자라면 버겁거나 두려워서 생각하지 못했을, 혹은 중간에 포기했을 유학 지원 준비를 해낸 것이다. 그리고 이미 설명했듯이, 메릴의 존재는 아룬이 유학하는 동안에도 큰 도움이 되었다.

한편, 아룬의 성장은 개인의 성공에 국한되지 않는다. 그가 사회적으로 성공함에 따라 가족 역시 함께 잘 살 수 있게 되었기 때문이다. 박사 과정이 다 끝나면 아룬은 아마도 유럽 어딘가에서 교수나 연구원, 혹은 국제기구에서 전문가로 일하게 될 것이다. 학위도 있고, 능력도 있으니 적은 돈을 받지는 않을 것이다. 그리고 인도와 유럽의 물가 차이를 생각하면, 아룬의 수입은 인도에 남아있는 가족들에게 큰 도움이 될 게 분명하다.

그뿐만 아니라 아룬의 사회적 성공으로 남은 가족들의 성장 가능성 역시 훨씬 커졌다. 세계를 무대로 활동하고 있는 아룬을 보면서, 아룬의 조카들 역시 언젠가 삼촌처럼 되고 싶다고 꿈꿀 수도 있다. 메릴이 없었다면 자신의 성장 한계를 인도의 지방 공무원으로 생각했을 아룬과 달리, 조카들은 어린 시절부터 더 큰 꿈을 꾸며 자랄 가능성이 있다. 더구나 필요한 순간 아룬으로부터 도움을 받을 수도 있다.

아룬의 성공이 남은 가족들의 성장으로 이어지는 선순환의 시작 지점에 아룬과 메릴의 사랑이 있었다. 사랑하는 사람과 함께하고자 하는 마음이 있었다. 우리 각자가 그 비중을 어느 정도로 해석하든지, 이 흐름의 시작에 두 사람의 사랑이 있었던 것은 틀림없는 사실이다.

이렇게 생각하면 사랑이라는 감정을 단순히 종족 번식을 위한 성적 욕구로 설명한 쇼펜하우어의 말이 유감스럽게 느껴진다. 종족 번식을 위한 도구라는 말이 틀린 말은 아니지만, 그것만으로 사랑의 속성을 온전히 설명할 수도 없다.

앞서 이야기하였던 우정의 속성과도 비교해 보게 된다. 사실 메릴이 아룬에게 조언하고 격려한 내용은 윤과 간호사 친구에게도 있었다. 윤도 간호사 친구에게 직종 변경을 준비해보라고 권했었다. 특별한 일이 없으면 5~6년 후에 요양병원에서 일하게 될 간호사 친구였다. 요양병원에서 일하기를 정말로 싫어하던 친구였기에, 윤은 공무원이나 국제개발협력 분야에서 보건 쪽으로 방향을 잡아보라고 조언했다. 병원에서 근무하기보다 전문성을 살려 NGO 등에서 일하시는 분들도 많다. 어차피 직업에 대한 만족도도 크지 않고 생계를 위해 하는 일인데, 굳이 싫어하는 일을 할 필요가 없으니 말이다.

이성적으로 생각하면 수긍할 만하다. 그러나 간호사 친구는 윤의 말을 듣지 않았다. 미래가 없는 남자 친구와 결혼하지 말라는 윤의 조언도, 그리고 윤에게는 조카나 다름없는 아이일 수도 있는, 앞으로 나올 아이의 미래에 대해서 생각해 보자는 윤의 제안도 거절하였다. 간호사 친구 입장에서도 이런저런 이유가 있었겠지만, 결국 대화는 되지 않았다. 그런 친구에게 윤도 더 이상 자신의 의견을 밀어붙이지 않고 떠나갔다.

나는 두 관계의 차이가 우정과 사랑의 차이라고 생각한다. 우정을 유지하기 위해서는 상대방과 내가 불편하지 않을 관계를 계속 유지해야 한다. 그렇지 않으면 우정은 쉽게 깨지고 만다.

사랑이라고 해서 불편해도 되는 것은 아니지만, 그래도 사람의 마음을 움직이고 행동하게 만드는 힘에 있어서 두 감정은 차이가 있다. 간호사 친구는 윤을 사랑하지 않았지만, 아룬은 메릴을 사랑했다. 헤어져도 괜찮은 친구 사이와 그럴 수 없는 연인 사이의 차이이다. 이 차이로 인해 아룬은 더 나은 아룬으로 성장할 수 있었다.

또한 메릴에게 아룬의 성공은 곧 자신의 행복과도 연결되는 것이었다. 그래서 아룬을 더 진심으로 응원해 주고, 적극적으로 장학금 정보를 알아 봐줄 수 있었다. 필요하면 경제적인 도움까지 제공할 수 있었다.

그렇지만 간호사 친구와 윤의 관계는 그렇지 않다. 대화가 통하지 않는다고 생각해서 쉽게 떠나갈 수 있는 관계이다. 혹은 서로의 성장은 기대하지 않은 채 그저 알고 지내는 우정 관계를 지속해나갈 뿐이다.

쇼펜하우어의 사랑을 다시 생각해 보기

아룬과 메릴의 이야기는 상당히 이상적인 이야기이다. 조금 과장하면 영화나 드라마로 만들어도 될 정도다. 아룬이 더 성장해서, 세계적으로 영향력을 미치는 사람이 되는 상황도 가정해 본다. 그러면 훗날 자신의 삶을 회고할 때 이렇게 말할 수도 있을 것이다.

"돌이켜 보았을 때, 저의 여정은 사랑하는 사람과 함께하고 싶은 마음에서 시작되었습니다."

많이 느끼하기는 하지만, 또 각본이 잘 쓰인다면 뭔가 어떻게 만들어질 것 같기도 하다. 할아버지가 된 아룬이 손자나 손녀에게 그런 말을 해주는 모습도 떠오른다.

한편 아룬과 메릴의 사례를 소개하면서 내가 전하고자 하는 이야기는 자신을 전폭적으로 지원해 주고, 사랑해 주며, 때로는 희생까지 해줄 수 있는 남자나 여자를 만나라는 것이 절대 아니다. 또는 현재 만나고 있는 사람과 헤어지지 말고 계속해서 함께 있으라는 말도 아니다. 사랑이라는 감정이 우리 스스로가 성장할 수 있는 하나의 동력원도 된다는 점을 생각해 보자는 것이다.

반대로 말하면 나의 성장에 도움이 되지 않는 사랑, 방해되는 사랑은 아쉬움을 뒤로하고 끊어낼 수도 있을 것이다.

이즈음에 나는 쇼펜하우어가 "개인의 성장"에 도움이 되는지를 중심으로 참된 우정과 거짓된 우정으로 나누었듯이, 사랑 역시 같은 기준에서 참된 사랑과 거짓된 사랑으로 나누어 본다.

『함께 웃고 떠든다고 해서 그와 내가 진심 어린 우정을 나눴다고 말할 수도 없다. 그의 타고난 재능을 이해하고, 내 삶에서 그의 재능이 발휘될 수 있도록 장려하거나, 그의 재능을 내 것으로 만들려는 노력이 필요한데, 여전히 사람들은 웃고 떠들고 함께 식사하고 술을 나눠마시는 정도로 좋은 친구를 곁에 뒀다고 자위한다.』

즉 우정의 논의를 사랑으로 전환해 보자면 서로의 성장을 도와줄 수 있는 사랑을 참된 사랑, 단순히 육체적인 쾌락만을 좇는 관계를 거짓된 사랑이라고 할 수 있겠다. 위의 인용문에서 "우정"을 "사랑"으로 바꾸기만 하면 될 것이다. 물론, 당연히 참된 사랑과 거짓된 사랑 사이에 보통의 사랑도 있을 것이다.

많은 이에게 사랑받았던 영화 《라라랜드》가 예시로 적격인 것 같다. 엠마 스톤과 라이언 고슬링은 서로의 인간적인 매력, 성적인 매력에 이끌려 연애했다. 각자의 쓸쓸함과 외로움을 덜어주고, 즐거움과 쾌락을 공유하는 사이로 연애를 시작했다. 그렇지만 결국에는 각자의 꿈을 응원하고 지지하는 관계로 발전하였다. 영화의 끝부분에서 두 사람은 헤어졌지만, 각자는 그 전에 비해 성장해 있었다. 그리고 여전히 서로를 위하고 응원했다.

정말 "영화이니 가능한 이야기다"라고 생각하지만, 또 나는 아룬과 메릴의 사례를 알고 있으니 완전히 불가능한 것이라고 이야기하지는 못하겠다. 드물기는 하지만 분명히 우리 주변에도 있다. 방송을 통해 연예인들이 자신의 사례를 일러주기도 한다. 예컨대 누군가는 좋아하는 사람 때문에 새로운 일에 도전하기도 하고, 또 어떤 이는 연인을 따라 전공을 바꾸거나, 사랑하는 이의 응원 덕분에 포기하지 않고 끝까지 버텨낸 경험을 이야기하기도 한다. 그러니 드물기는 하지만 없다고 할 수도 없다.

사랑에는 사람을 움직이게 할 수 있는 힘이 있다. 평소라면 하지 않았을 경험, 일, 생각 따위를 사랑이라는 이유로 시도하게 된다. 이런 면을 생각해 보면, 역시 쇼펜하우어가 이야기한 대로 젊은이들에게 사랑하지 말라고 권할 수는 없다. 성장을 위해 참된 우정을 권한다면, 사랑도 함께 권할 수 있는 것이다.

마리의 이야기

이제 아룬과 메릴과는 반대되는 사례를 소개하고자 한다. 보통의 사랑을 하다 스스로의 성장에 도움이 되지 않는다고 생각해서, 혹은 더이상 만족스러운 즐거움을 느끼지 못한다고 생각해서 마음 아프지만 관계를 정리한 연인의 이야기이다.

마리는 태국으로 홀로 배낭여행을 떠난 24살의 독일 여성이다. 그녀가 태국 여행을 하게 된 이유 중의 하나는 2년 동안 만난 남자 친구와의 관계를 정리하기 위해서였다. 그녀는 태국을 여행하기 전 동갑내기 남자 친구에게 헤어짐을 통보했다. 이번이 두 번째다. 수개월 전에 같은 이유로 헤어졌다 다시 만났었고, 이번에도 같은 이유로 헤어짐을 결심한 것이다.

남자 친구가 싫은 것은 아니었다. 마리는 남자 친구를 여전히 사랑했다. 남자 친구 역시 마리를 사랑하였다. 그러나 마리는 남자 친구와 함께 있을 때 스스로가 성장하지 못한다고 느꼈다. 남자 친구는 마리가 다른 남자와 이야기하는 것을 좋아하지 않았다. 가급적 나 이외의 다른 사람들과는 이야기하지 말라는 주의였다. 그것이 서로가 서로에게 헌신하는 것이라고 생각했다.

완전히 틀린 말은 아니다. 어느 정도 예의를 지켜, 상대방이 불편함을 느낄 수 있는 행동은 하지 않는 것이 맞다. 그러나 정도의 차이는 분명히 있다. 마리의 입장을 들어보면, 남자 친구는 그 정도가 심했던 것 같다. 예를 들어 두 사람이 함께 친구들이 모이는 파티장에 가게 되면 자신과 항상 함께 있기를 원했던 것 같다. 그곳에서 그녀가 다른 남자들과는 대화하는 것도 좋아하지 않았다.

그렇게 해서는 그냥 남자 친구 옆에 붙어있는 것이지, 파티를 즐기는 것은 아니다. 어쩌다 다른 남자와 오래 대화하는 모습을 보기라도 하면 남자 친구는 화를 냈고, 결국 싸움으로 이어졌다. 남자 친구와 싸우기 싫은 마리는 파티나 친구들끼리 모이는 모임에 나가기 싫어졌다. 항상 싸움으로 끝났기 때문이다.

마리로서는 딱히 다른 남자와 이야기하고 싶은 것이 아니었다. 그저 다른 경험을 가진 사람들과 이야기하고 싶은 것이었다. 예를 들어 건축 디자이너를 만나게 되면, 그 세계에 대해서 조금 더 알고 싶을 뿐이었다.

24살의 어린 나이이다. 아직 스스로 생각하기에 모르는 것이 더 많고, 더 배워서 성장하고 싶을 나이다. 아직 구체적인 방향성을 정하지 못하였기 때문에 이것저것을 듣고, 경험하고 싶을 시기이다. 실제로 그녀는 1년간의 직장 생활을 이제 막 그만두고 독일 뉘른베르크 대학에서 경영학 석사 과정을 앞두고 있었다. 독일의 작은 소도시에서 태어났지만, 마리 내면에는 계속 성장하고 싶은 욕구가 있었다.

성장하기 위해서는 인풋이 있어야 한다. 인풋을 하기 위해서는 경험을 해야 한다. 다만 모든 것을 직접 경험할 수도 없으니, 다른 사람들과의 대화를 통해서 정보와 경험을 간접적으로 얻는 것이다. 유튜브나 책을 통해서만 공부하라고 말할 수도 없다. 그러나 남자 친구는 다른 사람들과의 대화를 하지 못하게 한다.

이러한 다툼은 연인들끼리 다투게 되는 흔한 레퍼토리 중의 하나이다. 그래서 이것만으로 마리의 입장을 지지하기 애매할 수 있다. 남자 친구의 입장도 있을 수 있으니 말이다. 나이를 고려하면 서로에 대한 질투심과 소유욕이 높을 시기라는 것도 충분히 고려할 수 있다.

그러나 그렇다고 마리가 남자 친구에게서 딱히 영감이나 정신적인 즐거움을 얻을 수 있었던 것도 아니었다. 남자 친구는 독일 4부리그 축구 선수였다. 남자 친구와 대화를 하면 온통 축구 이야기뿐이었다. 데이트도 집에서 축구 관람을 할 때가 많았다. 축구에 그만큼 진심이어서 그렇기도 하겠지만, 축구 이외의 세상에 대해서는 잘 알지 못해서 그랬을 것으로 생각해 본다. 경험의 폭이 작으니 대화의 소재가 한정적이었던 것이다.

그렇다면 세상을 알려고 조금 더 노력해 볼 수 있다. 어차피 마리도, 남자 친구도 아직 젊고, 모르는 것이 많으니 같이 새로운 것을 경험해 보려 할 수 있다. 직접 시도하지는 않더라도 일단 말이라도 그렇게 해 보자고 할 수 있다. 대화의 주제를 다양하게 만들 수도 있었다. 아주 작은 노력으로 데이트의 장소나 방법을 바꿔 볼 수도 있다. 그러나 남자 친구는 그러한 노력을 하지 않았다.

마리로서는 답답함을 느꼈다. "나는 다른 이야기를 하고 싶다. 세상을 더 알고 싶다. 그렇지만 이 남자와 함께 있을 때는 그런 것이 충족되지 않는다. 그렇다고 다른 사람들을 만나거나 이야기하려고 하면 싸움이 일어난다. 이 관계에서 과연 나는 행복한 것일까"라는 질문을 계속하게 된 것이다. 헤르만 헤세의 말을 빌리자면, 새는 알을 깨고 나오려는데, 남자 친구는 계속 그러지 말라고 껍질을 겹겹이 만드는 셈이다.

결국 현재의 남자 친구와 함께해서는 내가 행복할 수 없다는 결론에 이르러 헤어짐을 결심한 것이다. 이 결심에 대한 확신을 얻고자 스스로 질문을 붙들고 여행길에 오른 것이었다.

사실 마리와 남자 친구는 아직 서로에게 마음이 있다. 마리는 남자 친구가 인간적으로 좋은 사람이라는 것을 알고 있다. 다정다감한 남자 친구였다. 외모도 훌륭했다. 사진을 통해 본 남자 친구의 모습은 할리우드 배우 잭 애프론을 닮았다. 키는 훨씬 크면서 말이다. 두 사람은 어렸을 때부터 알고 지낸 동네 친구이기도 했으며, 심지어 마리가 어렸을 때 좋아하던 사람이기도 했다. 젊은 날 특유의 풋풋한 감수성까지 더해지면, 헤어지기가 더욱 쉽지는 않았을 것이다.

그래서 한 번은 헤어졌다가 다시 만난 것이다. 첫 번째 헤어질 때도, 두 번째 헤어질 때도 오랜 시간 고민했다.

"이 관계에서 잘못하고 있는 것은 내가 아닐까? 내가 남자 친구의 뜻에 맞출 수 있으면 우리 둘이 행복해질 수 있는 것이 아닌가?"

선뜻 답을 내기 어려운 질문도 계속 떠오른다. 좋아하는 사람을 떠나는 것이니만큼 수개월을 고민했다.

마리는 나에게 의견을 구했다. 답은 이미 정해져 있었다. 누구라도 같은 대답을 해주었을 것이다. 헤어지는 것이 맞다. 마리의 행복이 남자 친구와 함께하는 것으로 충분하다면, 계속 만남을 이어가도 괜찮을 것이다. 두 사람이 결혼해도 적당히 행복하게 살아갈 수 있을 것 같았다. 남자 친구는 다정다감하고 가정적일 수 있을 듯했다. 마리를 구속하는 만큼, 본인 역시도 바람을 피우지는 않았고, 마리에게 집중했다고 한다. 이런 경우 마리가 단란한 가정에서 오는 행복에 만족할 수 있다면 함께해도 괜찮을 것이다.

마리에 따르면 그녀의 여동생이 그러한 성격이라고 했다. 자신이 태어난 작은 소도시에서 초등학교 교사로 근무하는 것에 만족하며, 별다른 걱정 없이 살아가고 싶어 했다. 즉, 큰 욕심 없이 만족하며 살아가는 쇼펜하우어의 행복을 따르는 쪽이다. 그러나 마리는 두 사람의 관계에서 오는 행복 이외에, 자신의 성장이라는 것을 더 추구하고 싶었다. 적어도 그때까지는, 그녀의 마음속에 어제의 나를 뛰어넘고자 하는 니체식 용기가 있었다.

그런데 옆에 있는 사람과는 더 나은 관계를 추구하기가 어려운 것이다. 남자 친구와 이 문제에 대해 대화해 보았고, 타협을 시도해 보았지만 잘되지 않았다. 헤어졌다가 다시 만나 노력도 해보았지만 같은 결론에 이르렀다. 이 정도면 마리로서도 노력할 만큼 한 것이다.

나이를 지긋하게 먹어서 "이제 이만한 사람 찾기도 힘들다"는 고민을 해야 할 시점도 아니다. 두 사람 다 금방 새로운 사람을 만날 수 있는 시기이다. 당장 결혼을 약속한 사이도 아니다. 그러니 지금까지 예쁘게 연애를 해왔던 시간은 남겨두고, 각자 새로운 만남을 준비해야 하는 단계에 이른 것이다. 각자의 방향성을 향해 나아가는 것이다.

그러다 두 사람이 정말 잘되려고 한다면, 둘 모두 조금씩 더 성숙한 다음에, 특히 남자 쪽에서, 세계관의 확장 혹은 정신적 성숙을 이루고 난 다음에, 다시 만나는 편이 좋을 것이다.

마리는 여행 중 결심한 듯이 보였다. 당장은 힘들지만 독일로 돌아가면, 헤어진 남자 친구와의 관계를 확실하게 정리하는 편이 낫겠다고 생각했다. 그편이 서로에게 좋겠다고 생각했다.

이후 마리가 독일로 돌아가 어떤 사람을 다시 만나게 되었는지는 모르겠다. 조금 더 대화가 잘되고, 함께 새로운 것을 경험하고 느끼고,

감정과 생각을 공유할 수 있는 사람을 만났으면 한다. 그녀에게 새로운 어떤 자극을 줄 수 있는 사람이었으면 한다. 물론 그렇게 희망한다고 해서 또 마음처럼 되지 않는 것이 사랑이기는 하지만, 어쨌든 본인도 추구하고 싶은 연애가 어떤 것인지 의식하기 시작했으니 말이다.

마리의 이야기는 하나의 예이지만, 참고 사항은 되는 것 같다. 함께하고 싶은 남자/여자 친구의 기준으로서 상대방의 외모 · 성격 · 부 · 사회적 지위, 상대방의 장래성에 대한 이야기를 많이 한다. 그러나 다른 관점에서도 생각해 볼 수 있다.

굳이 표현하자면 "배울 점이 있는 사람을 만나고 싶다"는 경우도 있을 것이다.

그리고 이것이 조금 더 약화된 버전으로는 이 남자/여자와 함께 있을 때는 "내가 새로운 어떤 것을 알게 되고 경험하게 된다. 그리고 그 과정이 즐겁다"가 될 것이다. 연인을 통해 새로운 음악 장르를 즐기게 된다든지, 상대방의 취미를 공유하며 자기 것으로 만들어가는 즐거움과 같은 것이다.

혼자 있을 때는 구태여 경험하지 않지만, 함께 있으면 하게 된다. 왜냐하면 사랑하는 사람과 같은 즐거움을 느끼고 싶기 때문이다. 사랑하는 사람을 더 잘 이해하고 싶기 때문이다. 사랑하는 사람이 즐거워하는 순간을 좋아하기 때문이다. 그렇게 상대방의 세계를 받아들이면서 자기 세계도 확장된다.

이 과정을 이성적으로 일일이 따지면서 데이트하지는 않기 때문에, 또 그러한 생각보다 육체적 쾌락과 정서적 만족에서 오는 감정들이 훨씬 더 크게 다가오기 때문에 의식하지 못하는 것일 뿐, 이러한 즐거움역시 우리가 "연애가 즐겁다"라든가 "만족스러운 관계"라고 말하는 부분일 것이다. 이런 점을 생각해 보면 쇼펜하우어가 성장을 기준으로 참된 우정과 거짓된 우정을 나누었듯이 사랑도 그렇게 볼 수 있는 것이다.

물론, 현실적으로 쉽지는 않다. 일단 누군가를 만나 함께하는 과정 자체가 쉬운 일이 아니다. 여기에 정신적으로 성숙해질 수 있을 것 같다든지, 새로운 무언가를 경험할 수 있을 것 같다는 기대만으로 사랑에 빠지는 사람은 많지 않다. 일단은 외모나 성격 같은 조금 더 직접적으로 느껴지는 상대방의 매력에서 호감이 먼저 느껴져야 한다.

나 역시 과거 외모에서 풍기는 매력은 배제한 채, 대화가 잘되는 사람, 정신적으로 교감이 되는 사람과의 연애를 시도해 본 적이 있다. 외모가 아니라, 정신적인 수준을 기준으로 누군가를 만나보려 시도한 것이다.

그러나 결과적으로 잘되지 않았다. 당연하다. 상대가 괜찮은 사람이라는 것, 대화가 즐겁다는 것, 상대방을 이해함에 알아가는 재미가 있다는 것은 분명히 알았지만, 이성으로 느끼는 감정이 떨어지다 보니 상대방을 생각하고 위하는 마음도 적어졌다. 이런 경우는 그냥 만나는 것이지, 상대방을 사랑한다고 할 수 있을 만한 행동이 나오지 않는다. 결과적으로 나는 금방 헤어지게 되었고, 상대방에게 큰 실례만 끼치게 되었다.

쇼펜하우어가 지적하였듯이 사랑의 감정이 기본적으로 성적인 욕구로 발현된다는 것을 인정해야 할 것 같다. 그리고 이 욕구를 일정 수준 이상으로 채워줄 수 있는 매력이 필요할 것이다. 적어도 사랑이 그냥 만나는 관계를 넘어서, 서로에게 성장 동력으로 기능하기 위해서는 말이다.

그런 의미에서 쾌락을 목표로 사랑을 시작하는 것 역시 지극히 정상적이다. 일단, 그렇게 시작하는 것이다. 다만 쾌락 이후 더 높은 수준의 어떤 가치를 찾을 수 있는가, 없는가의 차이가 있을 뿐이다.

마리 역시도 2년의 연애 중 1년 정도는 만족스럽지 않았을까 생각해본다. 자신이 어렸을 적 좋아했던 남자 친구를 만나 함께 즐거움을 공유하고 쾌락을 즐기는 연애를 할 수 있었으니 말이다. 외롭고, 슬플 때 곁을 지켜주는 사람이 있어 정서적 안정감을 느낄 수 있는 부분도 상당히 만족스러웠을 것이다. 남자 친구의 세계를 이해하는 것도 즐거웠을 듯하다.

다만 시간이 지나면서 "이것 말고 뭐가 더 없나?", "여기서 더 나아갈 수 있는 것이 없나?"라는 질문을 생각하게 되지 않았을까? 권태라고 하면 권태일 수도 있겠다. 그러나 "단순히 애정이 식었다"와는 다른 상태다. 마리의 헤어짐은 윤과 윤 친구들의 헤어짐 과정과 더 닮아있다. 남자 친구 자체가 싫어진 것이 아니라 그의 삶의 형태가 지루해진 것이다.

아룬과 메릴의 경우는 이 권태가 비교적 쉽게 극복이 가능한 경우였을 것이다. 물리적인 거리 때문에 권태를 느끼기가 어려웠겠지만, 두 사람은 각자의 방식으로 계속해서 성장했다. 새로운 정보와 이야깃거리가 계속해서 나오고, 생각하고, 탐구할 수 있는 것이 쌓여갔다. 두 사람 모두 새로움을 갈구하고, 거기에서 오는 즐거움을 느낄 수 있는 사람들이다. 그러니 서로에게 즐거움과 실질적인 도움을 줄 수 있는 관계로 지속적으로 발달할 수 있었을 것이다. 물론 나중에는 현실적으로 헤어지기 어려운, 특히 아룬의 입장에서는 어떤 의리 같은 것도 생겠겠지만, 분명 중간 과정은 그러하였을 것이다.

어떤 사랑을 할 것인가는 우리들의 선택이다. 우리 각자는 현실에서 보통의 사랑을 하는 것에도 벅차지만, 그래도 보통의 사랑을 하면서도, 우리가 추구할 수 있는 조금 더 수준 높은 어떤 상태가 있다는 것을 계속 의식하고, 그것을 따라 하려고 노력해 보자는 것이다.

우러러볼 수 있는 삶의 기준이 없어 버닝썬 상태와 같이 쾌락에만 의존하는 삶을 살아가게 되고, 또 사람들이 점차 그것을 당연하게 생각하게 되듯이, 이상적으로 생각할 수 있는 어떤 기준이 없으면 사랑 역시도 그저 쾌락적 행위로만 치부할 수도 있다. 그래서 노력이 필요하다.

사랑을 통해 성장할 수 있는 시기

이런 점들을 살펴보면 쇼펜하우어가 청년들에게 사랑하지 말라고 권한 것에 유감을 느낀다. 옆에 글을 쓰고 있는 쇼펜하우어가 있다면, "선생님, 그건 좀 아니지 않습니까…" 하면서 물어보고 싶기도 하다. 우리가 더 나은 사람으로 성장하기 위해 우정이 필요하다면, 마찬가지로 사랑도 필요하기 때문이다.

그리고 마흔이 되어 생각해 보니, 어쩌면 사랑을 통해서 성장을 할 수 있는 시기도 어느 정도 정해져 있지 않을까 생각해 본다. '반드시'라고는 할 수 없지만, 아무래도 나이가 들면 이성을 위해서 노력하고자 하는 마음이 줄어들기 때문이다.

많이들 들어보았고, 또 더러 경험해 봐서 이미 알고 있을 것이다. 시간이 지날수록 예전과 같은 마음으로 누군가를 좋아하기 어렵다는 사실 말이다. 내가 대학생이던 시절에도 어른들과 선배들이 말씀하곤 했다. 요즘에는 미혼인 연예인들도 방송이나 유튜브 등에서 자주 말하고는 한다. 누군가를 알아가거나, 좋아하기 위해 노력하는 과정이 이제는 지치거나, 더러는 귀찮게 느껴진다고 말이다.

상상해 보자면 아룬과 메릴이라고 한들 두 사람이 서른 중반을 넘긴 나이에 만났다면, 그렇게 서로에게 맞춰가려고 노력했을까 싶다. 아무리 정신적인 교감이 중요한 사이라고는 하지만, 그즈음에 만났다면 1년 정도 인도에서 만나다가도 적당한 시점에 헤어졌을 수도 있겠다. 그러면 사랑이야 다음에 다른 사람을 또 만날 수도 있겠지만, 메릴로 인한 아룬의 성장 가능성은 사라지게 된다.

마리의 경우도 마찬가지다. 20대 후반이나 30대 초반이 되면 그녀도 슬슬 세상살이에 지칠 때가 되었다. 함께 성장할 수 있는 사람을 만나려 하기보다는, 현실적으로 안정감을 줄 수 있는 사람을 만나고자 할 수도 있다. 특히 결혼을 염두에 둔다면, 어느 시점에는 그러한 선택이 더 현명하다. 그렇게 되면 지금의 남자 친구와 헤어지려 하지 않을 수도 있다.

나 역시 마찬가지인 것 같다. 조금 더 어렸을 때만 해도 과거에 좋아했던 사람에 대한 미련이 있었다. 그런데 시간이 지나면서부터는 그런 미련조차도 줄어드는 것 같다. 나아가 과연 지금의 내가 그 사람을 만난다고 한들, 과거와 같은 마음일 수 있을까? 젊은 시절의 나였기에 그렇게 크게 누군가를 좋아하는 마음이 있었던 것이 아닐까 생각해 본다.

그렇게 생각하면 이제는 다른 사람을 만나더라도 그만한 마음이 생길까 의심이 든다. 그냥 일단 만나 보자고 생각할 수 있는 사람들과의 만남도 피곤해진다.

그렇게 생각하면 약간 서글퍼진다. 지나간 젊은 날에 대한 아쉬움도 있지만, 이제 내 나이 또래의 사람들은 사랑을 통해서 더 나은 사람으로 성장하기는 어렵기 때문이다. 그 시기는 지나갔다.

한편으로는 마흔쯤 되면 이러한 과정이 정상인 것 같다는 생각도 해본다. 주위 사람들도 다들 비슷한 이야기를 한다. 지나간 시간만 아쉬울 뿐, 젊었을 때의 뜨거운 마음으로 누군가를 만나는 것은 쉽지 않고. 오히려 그때와는 다른 마음가짐으로 만나는 것이 자연스럽다고 말이다.

결혼을 생각하는 사람들은 특별히 현실적인 조건들을 더 많이 고려할 것이고, 결혼하지 않더라도 이때부터는 억지로 상대에게 맞추기보다는 이미 나와 결이 맞는 사람을 찾게 된다. 앞서 이야기한 것처럼 지쳤기 때문이다.

어쩌면 살아가기에도 벅찬 현실에, 노후 계획을 이야기하는 것이 더 현실적일 수도 있다. 그렇게 생각하면, 만남에 있어서 추구하는 바도 분명 달라진다.

오히려 이 시기에는 이성보다 자식을 위해 자신의 성향을 바꾸려는 경우가 많다. 자식을 위해 사람이 조금 변했다고 느껴지는 경우는 종종 있다. 자식이 아니라면 자신의 위치에서 생각해 볼 수 있는 다른 어린 누군가가 될 수 있다.

이렇게 생각하면 우리가 "이성 간의 사랑"이라는 감정을 통해서 성장할 수 있는 시기는 어느 정도 정해져 있다는 결론에 이른다. 아직 누군가를 만나는 것이 새롭게 느껴지고, 혹은 쇼펜하우어의 말마따나 성적인 욕구가 가장 클 때, 그래서 이성에 대한 호기심도 강한 20대 시기가 적기이다. 이 20대의 시기에 사랑을 포기하면 30대에는 기회가 없을지 모른다. 40대 때부터는 더 어렵다.

결국 나도 어른들과 선배들로부터 들었던 말을 똑같이 전하게 된다. 지금의 젊은 청년들이 사랑을 포기하지 않기를 바란다. 특히나 쇼펜하우어의 말을 따라서 연애도 필요 없다고 생각한다면 그러지 말았으면 한다. 이후 나이가 들어 돌아오지 않는 젊은 날의 시간 자체를 아쉬워할 수도 있지만, 20대의 청춘이야말로 사랑을 통해서 더욱 성장할 수 있는 시기다. 마흔의 내가 20대의 나를 만난다면, 그런 말을 해주고 싶다.

사랑하지 않는 쇼펜하우어들의 사회

우려되는 점이 하나 더 있다. 나처럼 고립된 성향의 사람이 사랑의 감정마저도 포기한다면, 사람들과 적극적으로 교류할 기회가 정말 없어질지 모른다. 그래서 다른 사람들을 아예 생각하지 못하는 사람이 되어버릴 수도 있을 것이다.

과거에는 "언젠가는 결혼해서 자식을 낳을 것이다"라는 생각이 있었다. 그래서 우리의 마음속에 '자식'이라는, 아직 존재하지 않는 타인을 생각하는 마음이 자연스럽게 자리 잡고 있었다. 아직 어린 20대라고 해도 아주 희미하고, 막연하게나마 의식하고 있었을 것이다. 그래서 자신이 다른 사람에게 어떤 존재가 되어야 하는지를 무의식적으로나마 생각하며 자랐을 것이다. 물론 자식 따위 안중에 없는 부모들이 항상 존재하기도 했지만, 어쨌든 그것이 표준값이었다.

그러나 지금은 가정을 만들 것을 염두에 두지 않고, 혼자 살아가기를 선택하는 세대이다. 이제 우리의 마음속에는 각자가 생각할 수 있는 가상의 타인이 존재하지 않는다. 즉, 타인을 생각하는 마음의 '표준값'이 전 세대에 비해 낮아졌다고 볼 수 있다.

이런 시대에 나와 같은 성향의 사람들이 사랑마저도 하지 않는다면, 타인을 생각하는 감각이 더 나빠질 것이다. 마음속에 담고 있어야 할 최소한의 누군가마저 없기 때문이다. 즉, 우리는 다른 사람을 위할 줄 모르고, 다른 사람에게 감사할 줄 모르는 사람이 되어버릴 것이다.

나아가 성찰의 시간도 줄어들 것이다. 윤의 사례만 보아도, 간호사 친구와 가정주부 친구가 나이 들어 윤과의 관계를 되새겨 볼 것 같지 않다. 불현듯 윤과의 기억이나 그녀의 말들이 떠오를 수는 있겠지만, 그런 친구도 있었다며 넘어가는 정도일 것이다. 미련이나 후회의 감정, 되새김의 시간이 없이 그냥 지나가게 될 것이다. 그 미련과 후회, 되새김의 시간이 있어야 성찰할 수 있는 것인데 말이다.

결국, 타인을 생각하지 못하는 사람들이 늘어날 것이다. 다른 사람에게 폭력을 가하는 사람들도 늘어나고, 지금보다 더 살아가기 퍽퍽한 사회가 될 것이다.

그러니 사랑하지 말라고 이야기할 수 없을 것 같다. 이런 현실을 알았더라면 고독을 중요시한 쇼펜하우어라 할지라도 사랑하기를 멈추라고 조언하지는 않았을 것이다.

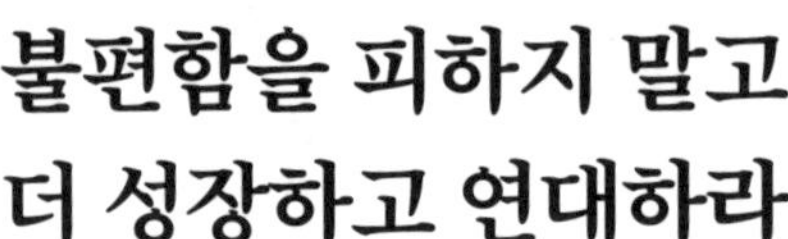

불편함을 피하지 말고
더 성장하고 연대하라

『인간 존재의 의미는 자아와 타자 간의 관계 속에서 발견된다.』

– 마르틴 부버

편안함을 추구할수록 우리는 고립된다. 고립이 길어질수록 성장의 가능성은 줄어들며, 인간성은 서서히 마모된다. 성장은 불편함에서 시작되고, 연대는 그 불편함을 함께 나누는 데서 탄생한다. 그렇다면 우리는 어떤 삶을 선택하는 것이 옳은 것일까? 고립된 편안함인가, 함께하는 불편함인가?

인류의 역사를 부정할 수는 없다

사회와 개인의 관계를 설명하는 여러 관점이 존재하지만, 어떤 관점을 따르더라도 분명한 사실이 있다. 그것은 인간 사회가 사람들 간의 연대를 통해 발전해 왔다는 것이다. 사실, 이는 매우 상식적인 질문들이다. 왜 네안데르탈인은 멸종하고 호모 사피엔스는 살아남았는가? 인간은 어떻게 다른 종들보다 우위를 점할 수 있었는가? 왜 어떤 국가와 문명은 번영할 수 있었고, 다른 문명과 사회는 그러지 못했는가?

이에 대한 답은 우리 모두 알고 있다. 단순히 다른 종보다 뛰어난 인간의 지적 능력 때문만은 아니다. 지적 능력과 더불어 우리가 다른 종들과의 경쟁에서 살아남을 수 있었던 이유는 바로 협력적 사고 능력 때문이다. 인간은 다른 어떤 종보다 협력적 사고를 발달시킨 종이었고, 그것이 경쟁에서 우위를 차지할 수 있던 비결이었다.

같은 맥락에서 협력적 사고가 활발해질 때, 즉 지식과 정보, 기술 등이 원활하게 공유될 조건이 마련되었을 때, 특정 사회와 문명이 더욱 발전할 수 있었다. 이미 많은 사람이 읽었을 《사피엔스》, 《총, 균, 쇠》와 같은 책들, 혹은 다른 수많은 사회과학 서적에서 이와 같은 이야기를 하고 있다. 우리는 다른 사람들과 힘을 합칠 수 있었기에 이만큼이나 발전했다.

이 원칙은 지금도 여전히 유효하다. 인간 사회를 더 번영하게 하는 일이나, 인류를 위협하는 재앙에 대비하는 일도 모두 혼자서는 할 수 없는 일이다. 결국 뛰어난 리더나 천재들의 역할이 중요하긴 하지만, 그들도 혼자서는 불가능하다. 천재의 옆에는 언제나 그와 함께하는 동료들이 있었음을 기억해야 한다.

　　공동체 의식의 회복을 강조한 독일의 과학 저널리스트 울리히 슈나벨은 그의 저서 《투게더》에서 더 이상 고독한 천재가 세상을 변화시키는 시대가 아니라고 역설한다. 노벨 물리학상을 받는 뛰어난 천재 한 명이 아닌, 천재와 함께하는 한 무리의 팀이 세상을 변화시키고 있다고 한다.

　　우리가 직면한 문제들, 예를 들어 AI 시대에 인간이 어떻게 살아가야 할지 고민하고, 기후 위기에 어떻게 생존할 것인가에 대한 해결책을 마련하는 일은 모두 함께해야만 가능해진다. 거대한 문제 앞에서 인간의 개별적인 능력은 제한적일 수밖에 없다.

　　물론, 함께함에 있어 어려움은 있을 것이다. 억울하게 피해를 보거나 희생당하는 경우도 있을 수 있다. 그러나 그것은 회피할 게 아니라 극복해야 한다. 노예 제도를 폐지하고, 인종차별을 금지하고, 양성평등을 실천하며, 소수자의 권리를 보장받을 수 있도록 끊임없이 노력했듯이, 계속해서 개선해야 할 부분을 해결해 나가야 한다. 개인과 개인, 개인과 사회의 관계를 새롭게 설정하고, 모두가 함께 공존할 사회를 만들어가야 한다.

　　개인 차원에서도 마찬가지다. 다른 사람과 함께 살아가면서 생길 수 있는 갈등·위협·실망·비교로 인한 불행 등은 어느 정도 감내하고 관리해야 한다. 완전히 피할 수는 없다. 이 세상은 공평하지 않다는 사실도 받아들여야 한다. 각자가 처한 불리함과 불합리한 조건이 있을 수밖에 없음을 인정하고, 그럼에도 더 나은 상태로 나아가기 위한 노력, 불리함을 상쇄하기 위해 다른 사람과 함께할 수 있는 노력을 생각해야 한다.

그러나 쇼펜하우어의 행복에는 그러한 요소가 부족하다. 그의 행복론은 인간 사회의 발전과 협력, 연대의 중요성을 간과한다. 과장해서 말하자면 쇼펜하우어의 행복은 인류의 역사를 부정한다고 이야기할 수도 있다. 인간 존재의 고통 원인을 인간관계에 돌리며, 외부 세계와의 관계보다는 개인의 내면적인 고립을 강조하는 경향이 있기 때문이다.

쇼펜하우어의 행복론과 어느 정도 닿아 있는 사회가 있다. 바로 내가 공부했던 아마존의 부족 사회들이다. 아마존 부족 사회는 대체로 개인의 자유가 상당히 존중받는 사회다. 그곳에서 마을 구성원들은 서로의 삶에 깊게 간섭하지 않으며, 각자가 원하는 대로 자유롭게 살 수 있다. 원한다면 혼자 있을 수도 있고, 다른 사람들과 깊은 관계를 맺지 않아도 된다. 개인의 자율과 자신만의 내적 평화가 지켜지는 사회이다.

그러나 여기에는 몇 가지 조건이 있다. 첫째, 삶의 양식에 차이가 없고 또 변화도 없어야 한다. 모두가 같은 수준으로 살아가는 사회에서야 이것이 가능하다. 사냥을 하든, 채집을 하든, 농작물을 키우든, 일상의 차이가 크지 않은 환경에서는 다른 사람의 삶에 관심을 기울일 필요가 없다. 다른 이의 삶과 나의 삶이 크게 차이 나지 않기 때문이다. 누군가를 부러워하거나 시기할 이유가 없으며, 다른 사람의 삶을 모방하거나, 다른 사람보다 더 노력해야 할 이유도 없다. 그래서 각자가 하고 싶은 대로 마음 편하게 살아갈 수 있다.

둘째, 사회 구성원의 수가 적어야 한다. 구성원이 많아지면 자연스럽게 사회 체계가 복잡해지고, 이로 인해 권력의 집중과 위계질서가 생길 수밖에 없다. 그렇게 되면 인간 사회의 불행이 시작된다. 인류학자 피에르 클라스트가 《국가 없는 사회》에서 묘사한 파라과이와 베네

수엘라 아마존 원주민들의 삶이 그랬다. 원주민들은 누군가에게 권력이 집중되지 않도록 최선을 다했고, 모두가 평등하며 비슷한 수준으로 행복한 사회를 이루어냈다.

인류학자 로빈 던바의 사회적 네트워크 이론을 떠올려보자. 던바에 의하면 인간이 자생적으로 형성하고 유지할 수 있는 공동체와 사회적 네트워크의 크기는 대개 150명 정도가 한계라고 한다. 이 수를 넘어서면 사람들은 상호작용을 제대로 관리할 수 없고 복잡한 사회 구조가 형성되며, 이로 인해 인간사의 불행이 발생할 가능성이 커진다. 실제로 인류학적 연구에 따르면, 많은 부족 사회에서 마을 규모가 일정 수준을 넘어서면 한 무리의 집단이 마을을 떠나 분화하는 현상이 나타난다. 그렇게 해야 자신들이 생각하는 행복한 삶을 유지할 수 있기 때문이다.

우리도 이렇게 살아가면 지금보다 훨씬 더 편하게 살 수 있다. 복잡한 인간관계에 얽매이지 않으면서 혼자만의 시간을 즐길 수 있고, 굳이 다른 사람과 비교하지 않는 삶을 살 수 있다.

그러나 우리는 그렇게 살아가고 싶어 하지 않으며, 그렇게 살 수도 없다. 정도의 차이는 있겠지만, 우리는 도시 문명의 혜택을 누리고 싶어 한다. 또한 우리는 성취를 이루고 싶어 한다. 각자가 개성을 지닌 분야에서 탁월하고 뛰어난 존재가 되어, 쓸모 있다는 것을 스스로 확인받고 싶어 한다. 이것 또한 우리의 행복과 깊은 연관이 있는 문제이다.[5]

· · ·

5 흥미로운 점은, "행복한" 북유럽 사회의 이면을 다룬 기사나 서적에서 자주 확인할 수 있는 사실이다. 의외로 북유럽의 젊은이들이 자신의 삶에 만족하지 못하는 경우가 많다고 한다. 이 사회는 적당한 수준에서 다 같이 만족하며 살아갈 수 있지만, 개인의 성장에 일정 부분 제한을 두는 문화나 제도적 상황 때문에 답답함을 느끼기 때문이다. 그래서 많은 젊은이들이 유럽의 다른 나라나 미국과 같은 곳으로 이주하는 경우가 많다고 한다.

각자 노력하는 과정에서 상대적인 불행을 느낄 수도 있겠지만, 결국 사람들과 함께 있어야 한다는 결론에 도달하게 된다. 함께함으로써 지금 우리가 누리는 편안함과 안락함을 유지할 수 있고, 더 나아가 우리가 욕심내는 상태의 행복도 이룰 수 있다.

이때, 똑똑하고 뛰어난 사람들이 해야 할 일은 부당하게 불행해지는 사람들이 많아지지 않도록 노력하는 것이다. 이미 먹고살 만하고, 정신적 즐거움을 누릴 수 있을 정도로 충분히 똑똑하니 혼자 편하게 살겠다고 하면 안 된다. 중요한 건, 어떻게 하면 모두가 함께 공존할 수 있을지를 고민하는 것이다. 각 시대의 깨어있던 지성들이 인류의 정신적 진보를 위해 힘썼듯이, 우리도 그 역할을 맡아야 한다.

불행해지는 소수 역시 불행해지지 않기 위해 어떤 노력을 계속해야 하는지 고민해야 한다. 다른 사람들이 인정해 주는 성취를 통해 행복을 찾을 수도 있다. 지속적인 쾌락을 보장하는 부를 획득해서 행복을 느낄 수도 있다. 나를 이해해 주는 친구들, 어려운 상황에서 도움을 줄 수 있는 친구들이 곁에 있어 행복을 느낄 수도 있다. 자신의 삶을 행복하게 만드는 요소가 무엇인지 고민해 봐야 한다. 쇼펜하우어의 말처럼, 자신이 바닷속의 물고기인지, 하늘을 나는 새인지, 땅속의 두더지인지를 알기 위해 노력해야 한다.

쇼펜하우어를 핑계로 현재의 상태에 만족하거나, 포기하고 숨어버리면 더 이상 나아질 수 없다. 그런 방식으로는 개인도 사회도 지금보다 더 나아지지 않거나 오히려 퇴행할 뿐이다.

한편 발전이라는 틀을 벗어나 생각해 보더라도, 인류학을 전공한 입장에서 쇼펜하우어의 행복론을 긍정할 수는 없다. 인류학적 시각에서 사회를 구성하는 가장 기본적인 원리는 바로 호혜성의 법칙이다. 그것이 어떤 형태를 띠든 "서로 주고받음"이 우리 사회를 지탱하는 가장 중요한 원리라는 것이다.

서로 주고받음이 반드시 쌍방적일 필요는 없다. 꼭 그 사람에게 직접 되돌려주지 않아도 괜찮다. 내가 받은 호의를 다른 누군가에게 전하고, 또 그가 또 다른 사람에게 이어주는 식으로 관계가 순환되며 유지되기도 한다. 상대방에게 받은 것을 내가 똑같이 돌려주는 것은 현실적으로 불가능하므로, 주고받는 내용이 꼭 일치할 필요도 없다. 애초에 이 주고받음에서 중요한 것은 물질적인 이득이 아니라 관계의 유지와 확장, 그리고 결속이다. "내가 당신의 호의를 기억하고 있다"는 마음의 확인이다. 내가 누군가에게, 그 누군가가 다시 나에게, 혹은 다른 누군가에게 호의를 베푸는 과정에서 우리는 서로에게 마음의 빚을 지게 된다. 그 마음의 빚이 상대에 대한 고마운 감정을 만들어내며, 이 감정이 쌓여 결국 인간성을 이루는 것이다. 그렇기 때문에 이것은 부족 마을 단위에서도 반드시 지켜야 하는 기본적인 윤리이다.

하지만 홀로 고독을 강조하는 쇼펜하우어의 행복론에서는 이 호혜성의 원리가 쉽게 잊힐 가능성이 크다. 그렇게 고마운 마음의 순환이 이루어지지 않으면 결국 우리 각자의 인간성도 상실된다. 이 모든 것을 고려하면 지금 우리 시대에 필요한 것은 쇼펜하우어의 철학이 아니라는 결론, 혹은, 쇼펜하우어의 철학을 제멋대로 이해해서 될 것이 아니라는 결론에 이르게 된다.

쇼펜하우어를 닮은 나와 AI: 누가 더 인간적일까?

조금은 진부한, 그러나 결코 가볍지 않은 질문을 던지게 된다. 쇼펜하우어들로 가득한 사회에서 인간을 인간답게 만드는 것은 무엇일까? 예를 들어, 나처럼 사람들과의 만남을 피하려고 하는 사람이 대부분인 사회에서 인간성을 만들어내는 것은 무엇일까?

과거에는 인간성을 이야기하면서 주로 동물과의 차이를 강조했지만, 이제는 AI와 우리의 차별점에 대해 고민해야 하는 시대에 접어들었다. 만약 생각할 수 있다는 것이 단순히 지적인 능력을 의미한다면, 나는 AI에게 인간의 자격을 빼앗길 수밖에 없다.

이미 눈치챈 분도 있겠지만, 나는 사회성이 떨어지는 사람이다. 그러나 특별히 나쁜 짓을 하지 않고, 사회적으로 합의된 규칙이나 법을 어기지도 않는다. 그래서 소위 비인간적이라고 느껴질 만한 행동을 하지는 않는다. 그러나 나는 스스로 질문할 수 있다.

'비인간적이지 않으므로, 인간이라고 할 수 있는 것일까?'

그런 걱정이 들기도 한다. 사람들과 교류하지 않고 혼자 지내려는 나의 습성 때문에, 사람의 마음을 이해하고 감정을 느끼는 뇌 기능이 퇴화했을지도 모를 일이다. 쓰지 않는 뇌의 기능이 퇴행한다는 점을 고려하면 충분히 그럴 수 있다.

그렇다면 다른 사람의 처지를 안타까워하고, 다른 사람의 슬픔에 함께 아파하며, 기쁘고 즐거운 일에 함께 웃을 수 있는 나의 모습은 정말로 나의 뇌나 마음의 상태가 상대방의 감정에 공명하여 만들어내는 감정일까? 아니면 어렸을 때부터 학습된 결과일까? 예를 들어 "아픈 사람을 보면 안타까워할 줄 알아야 한다. 곤경에 처한 사람을 보면 슬퍼

할 줄 알아야 하고, 친구의 기쁨에는 함께 기뻐할 줄 알아야 한다" 등 상황별로 학습된 행동을 반복적으로 하고 있을 뿐은 아닐까?

만약 후자라면, 그렇다면 나와 AI의 차이는 무엇일까? AI도 알고리즘을 통해 상황을 학습하고 인간과 똑같은 반응을 할 수 있다. 오히려 잘 학습된 AI는 분위기를 읽는 능력, 예를 들어 주변 사람들의 시선 처리, 숨결, 피부색, 동공 크기 등의 변화와 오고 가는 대화 속의 내용을 나보다 훨씬 더 잘 파악할 수 있다. 그래서 나보다 훨씬 더 인간적인 결정을 내릴 수 있다. 이 경우, 나는 AI보다 비인간화된 존재가 되는 것처럼 느껴진다.

AI에 대해 말하고 있지만, 사람의 감정을 파악하는 능력은 때때로 동물이 더 뛰어난 것은 아닐까 하는 생각도 한다. 유튜브를 통해 익숙해지기 전까지, 개나 고양이가 인간의 감정을 그렇게까지 잘 이해하고 교감할 수 있을지 미처 몰랐다. 그들의 본능적인 감정 파악 능력이 내가 학습한 행동보다 훨씬 더 인간적이라는 느낌을 받을 때가 많다.

스스로 위안해 보자면 AI는 아직은 스크린 속에 갇혀 있지만, 나는 인간처럼 움직일 수 있다. 그래서 컴퓨터와 사람이라는 구분이 생기는 것 같다. 나를 낳아주신 부모님은 인간이다. 그러므로 나도 인간이 될 수 있을 것 같다. 또 조금 더 위안해 보자면, 그래도 나와 같은 수준으로 살아가는 사람들이 스스로를 인간이라고 부르고 있다. 그러니 그들과 같은 수준인 내가 스스로를 인간이라 칭해도 이상하지는 않을 것 같다.

생각해 볼 문제인 것 같다. 물론 "어차피 인간도 동물과 별 차이 없어. 그렇게 구분 지으려고 노력하지 않아도 돼"라고 받아들이기 시작했듯이, "AI가 되었든 인간이 되었든 뭐가 그렇게 중요하냐. 행복하다는 감정을 유지할 수 있는 것이 중요하지"라고 생각할 수도 있다.

그러나 인간성을 단순히 학습한 사람은 인간성을 터득한 사람보다 더 위험할 수 있다. 학습된 규칙은 평상시라면 적당히 잘 지켜질지 몰라도, 스스로 위급하거나 다급하다고 여겨지는 순간에는 깨어질 수 있기 때문이다.

객관적으로 위급하거나 다급한 상황을 이야기하는 것이 아니다. "내가 옥스퍼드인데!"라고 말하였던 것 같이, 스스로가 조금 불리해진 것만으로도 우리는 위급하다고 생각할 수 있다. 그래서 비인간성에 더 가까워지고 다른 사람에게 피해가 되는 행위를 할 수도 있다. 그런 면에서 보자면 어떠한 상황에서도 지켜야 할 선을 넘지 못하도록 안전장치가 걸려 있다는 점에서 AI가 훨씬 더 인간적일 수 있다고 생각해 보게 된다. 여의치 않으면 인간성도 내다 버리겠다는 태도가 없으니 말이다.

이를 볼 때 현시점에서 인간성을 유지하는 방법은 사람들 간의 상호작용을 통해 인간적인 감정 능력을 유지하는 것이라는 결론에 이른다.

결국 학습화된 기계형 인간이 아닌, 감정이 움직여 상대방의 호의에 진심으로 고마워할 줄 알고, 다른 사람의 어려움을 안타까워할 줄 알고, 도움의 손길을 내어줄 수 있는 심성을 유지해야 한다. 알고리즘으로 작동하는 기계가 아닌 감정을 가진 사람으로 존재하는 것. 우리가 고립이 아닌 연대의 삶을 추구해야 하는 이유이다.

좀비가 되지 않기 위하여

인간과 좀비의 구분으로도 이야기해 볼 수 있다. 김영민 서울대학교 정치학부 교수는 중앙일보 사설 「좀비가 되지 않기 위하여」를 통해 한국 사회의 현실을 좀비 공화국에 비유한다. 아무 생각 없이 자극을 쫓아 생존하기에 급급한 우리들의 현실이 좀비의 생존법과 같다는 것이다.

좀비도 인간도 열심히 살아간다. 그래서 열심히 사는 것만으로는 좀비와 인간을 구별할 수 없다. 다만, 좀비가 살아가는 목적은 단순한 생존을 넘어서지 못한다. 본능적 허기를 달래기 위해 매일같이 인간을 뜯어낼 뿐이다. 이 과정에서 질서와 협동은 없다. 서로를 밀쳐내고, 짓밟으며 한 점의 인간 살덩이라도 더 뜯어내기 위해 서로 다투기만 할 뿐이다.

그렇다면 인간은? 본래대로라면 삶에서 어떤 의미를 찾기 위해 노력하는 존재이다. 순간의 생존을 넘어서는 삶을 상상하고, 미래를 계획할 수 있는 자들이다. 의미와 가치에 대해서 생각하고, 이것의 실현을 위해 서로 협동할 수도 있는 존재들이다.

그러나 현대인들. 특히 한국 사회는 깊이 사유하는 능력, 협동하는 능력을 잃어버리고 있다. 쾌락의 본능에 이끌리는 사회이다. 그래서 한국 사회를 좀비들의 사회에 비유하는 것이다.

다시 우리의 삶을 살펴보자. 우리 각자의 삶은 좀비의 그것과 얼마나 다른지 확신할 수 없다. 일단 나는 그렇다. 인간의 외양을 하고 있지만, 좀비의 정신과 구분 지을 수 있다고 자신 있게 말하기가 어렵다. 좀비들이 인간의 신체를 본능적으로 갈구하듯이, 쾌락의 감정을 무지성적으로 갈구하고만 있는 것 같다. 다들 그렇게 살아가는 세상이다.

우리의 이런 모습에 피곤함과 덧없음을 느껴 사람을 멀리하는 것일 수도 있다. 쾌락만을 좇는 좀비 무리 중의 한 명이 되기 싫어서 차라리 혼자 있는 것이 낫겠다고 생각하는 사람들도 있을 것이다. 쇼펜하우어가 그랬던 것처럼 고독을 택하는 것이다.

그러나 이것마저도 좀비화가 되는 과정일 수 있다. 주변 존재와 소통하지 못하고 혼자만의 세상을 사는 좀비처럼, 스스로 고립되어 혼자만의 세상에서 살아가기를 선택하기 때문이다. 쾌락을 좇는 것이 A형 좀비라면, 혼자 고립되어 살아가는 것은 B형 좀비라 해야 할까? 그러니 너무 일찍, 쉽게 포기하지 말자. 우리 각자가 그렇게 쉽게 포기해버리면, 한국 사회는 점점 더 빠르게 좀비화될 뿐이다.

좀비 영화 속에서 일단 좀비 개체의 수가 특이점을 넘어가게 되면 통제가 되지 않는 아포칼립스 상황에 놓이게 된다. 우리 사회 역시 그렇게 될 수 있다. 비상식이 상식이 되어 가는 과정을 이미 여러 번 경험하면서, 모두 일찍이 체감하는 바일 것이다.

영화 속에서 좀비는 외관상 구별이라도 가능하여 선택적으로 사살이라도 할 수 있지만, 현실 속 인간의 경우는 선택적 배제를 하기도 어렵다. 좀비의 정신을 가지고 있다고 한들, 일단은 사람이니 말이다. 그렇게 조용히 우리 사회의 좀비화는 가속화되고, 공동체의 위험성은 더욱 커져갈 것이다.

결국, 치료제는 우리들이다. 다른 사람과 연대함을 실천하면서 살아가는 것이다. 또 그냥 아무렇게나 쾌락을 따라 살아가는 것이 아니라, 그래도 우리들이 할 수 있는 수준에서 사유하고, 삶의 의미를 찾아가는 것이다.

이제 다시 우정을 생각해 본다. 쇼펜하우어가 주장하는 참된 우정이 어렵다는 것은 이해하고 있다. 그래서 나는 참된 우정과 거짓된 우정 사이에서 보통의 우정 정도라도 유지하자는 절충안을 중시하곤 했다. 그리고 그 보통의 우정을 삶의 결이 비슷한 사람들과 함께하자고 제안하는 것이다. 그렇게 함으로써 혼자 외롭지 않을 수 있다. 인간성의 퇴화를 막을 수도 있을 것이다.

반드시 그렇게 된다고 단언할 수는 없지만, 결이 비슷한 사람들과 함께 응원하고, 위로하고, 즐기는 와중에 서로에게 영향을 받아 함께 성장할 수도 있기 때문이다. 그렇게 보통의 우정에서 시작해서, 참된 우정으로 나아갈 수도 있다. 그 과정에서 그저 살아가기만 하는 것이 아니라, 의미와 가치에 대해 함께 소통하며 살아가는 사회를 만들어 갈 수도 있을 것이다. 실상 그것이 인류 문명이 지금까지 발전해 온 과정이다.

불편함의 미학: 인간다움을 지키는 일

오늘날 인간을 인간답게 만드는 것은 불편함의 미학이 아닐지 생각해 본다. 서로가 불편함을 공유할 때, 다른 사람을 생각하고 배려하며 존중하는 과정이 생겨나기 때문이다. 상대방이 나를 위해 불편함을 감수했음을 알기에 감사하게 되고, 다른 사람의 불편함을 안타까워하는 마음에 나 역시 배려하게 된다. 그렇게 서로를 생각하고 위하며 고마워하는 과정에서 인간다움이 묻어난다.

그러나 편리함에는 이와 같은 과정이 생략된다. 다른 사람과 합을 맞추고, 다른 사람을 생각하고, 배려하고, 감사할 필요가 없기 때문이다. 그래서 인간다운 어떤 것을 발휘할 기회가 점점 줄어들게 되고, 결국 인간성에서 계속 멀어지게 된다.

생각해 보면 어렵지 않게 도출할 수 있는 결론이다. 애초에 인간의 뇌는 어려움을 함께 극복하는 과정에서 발달해왔다. 어려움을 함께 극복하기 위해 서로 협동하는 과정에서 소통 능력, 상대방의 마음을 이해하는 능력이 중요해졌고, 결국 인류는 영장류 중에서 가장 발달된 뇌를 갖추고 마음이라 부를 수 있는 정신 상태를 계발하게 되었다. 어려움과 불편함이 인간성을 만든 것이다.

학자들은 정보 검색의 시대에 인간이 사유하는 능력을 점점 잃어가고 있다고 지적한다. 합당한 분석 같다. 그러면 같은 맥락에서 정보 검색의 시대에 우리는 인간성 또한 잃어가고 있다고 생각해 볼 수도 있다. 다른 사람에게 도움을 구하는 수고스러움을 택할 필요 없이 인공지능을 통해 쉽게 답을 찾을 수 있는 만큼 사람 간의 교류도 그만큼 줄어들기 때문이다.

비단 검색에만 국한되는 사안이 아니다. 일상 속의 모든 것이 편리해지는 세상이다. 이제는 익숙해진 키오스크를 생각해 보자. 카페, 식당 그리고 관공서 등에서 누군가에게 인사를 건네고 용건을 말하는 과정이 점점 더 낯설어지고 있다. 그만큼 상대방을 생각하고 교감하는 능력도 사라지고 있다고 보아야 할 것이다.

모든 것이 더 빠르고 더 편리하게 변해간다. 그리고 전 세계적으로 한국만큼 편리하고 빠르게 변해가는 나라도 찾기 힘들다. 외국인들이 한국에 대해서 가지고 있는 공통된 인상 중의 하나는 "모든 것이 빠르고 편리하다"는 것이다. 현대식 시설과 첨단 기술을 갖춘 도시 인프라 덕분이다. 그러나 이를 바꿔 말하면 누구보다 빠른 속도로 인간성을 잃어가고 있을 수도 있다.

　반면, 유럽에서 생활해 보면 가장 즉각적으로 느낄 수 있는 것은 불편함이다. 한국에 비해서는 모든 것이 느리고 불편하다. 그러나 그 불편함이 인간성의 상실을 막을 수 있는 문화를 제공하는 것 역시 사실이다. 앞서 이야기하였던 일상생활 속의 약한 연대가 비교적 수월하게 실천될 수 있는 것이다.

　키오스크 대신 매대에서 바리스타와 잠깐의 담소를 나누고, 식당에서 호출 벨을 누르는 대신 웨이터와 눈을 한 번 더 마주치고, 버스에서 스마트폰을 보는 대신 창밖의 사람들이 사는 풍경을 한 번 더 쳐다보게 된다. 상호 교류의 시간이 확보된다.

　2차 세계대전 이후 많은 유럽의 국가들은 도시를 재건할 때 미국식 도시 계획을 모방하는 것을 고려했다고 한다. 낡은 건물들을 철거하고, 도로의 거리를 넓히며, 높은 도시 마천루들을 짓는 선택을 할 수도 있었다. 그러나 유럽 국가들은 그렇게 하지 않았다. 경제적인 형편 때문이기도 하고, 또 문화적 자존심의 문제이기도 했지만, 어쨌든 그들은 예전의 방식을 고수하는 것을 선택하였다. 사람들이 모일 수 있는 광장을 유지하였고 오래된 건물들을 보존하였으며 도로도 특별히 넓히지 않았다.

　나는 과거 유럽 사람들의 그러한 선택이 오늘날 현대인의 마음 상태에 계속해서 영향을 미치고 있다고 생각한다. 옛것을 선택함으로써 모든 것이 불편해졌지만, 동시에 그 불편함을 견딜 수 있는 사회성도 함께 유지되었기 때문이다.

　첨단 인프라에 익숙해져 불편함을 견디지 못하게 된 한국 사람들은 인간관계에서도 금방 지쳐버린다. 그래서 불편한 타인들을 금방금방 지나쳐간다. 마치 불편한 어떤 것들이 금방금방 교체되거나 폐기되는 것처럼 말이다. 이에 반해 불편함을 견딜 수 있는 유럽 사람들은 역시 불편한 인간관계를 어느 정도 견디어내며 함께 살아가는 방법을 찾아내고 유지하게 되었다. 마르크스를 살짝 비틀어 생각해 보자면 결국 인간 정신을 만들어내는 것은 물적 토대일 것이니, 도시 문화의 차이가 사회성의 차이를 만들어낸다고 말할 수 있다. 너무 다른 문화를 낭만화하고 또 일반화하는 것은 아닌가 싶지만, 한국 사회와 비교했을 때 분명 생각해 볼 만한 지점이 있다.

10여 년 전 어느 책에서 영국에서 지하철이나 일부 공공장소에서 와이파이는 물론 통화도 되지 않는 이유를 "사람들에게 생각할 시간과 공간을 제공하기 위해"라는 식의 설명을 접한 적이 있다. 솔직히 당시에는 "거참 핑계 한번 거창하게 대시네. 예산이 없거나 변화하고자 하는 의지가 없는 것이겠지", "한국만큼 편리한 곳이 없네" 정도로 반응하였다.

그러나 나이가 들어가면서 생각이 달라진다. 아마도 그 말 자체는 정말로 핑계에 불과할 뿐일 수 있겠지만, 그러한 상태가 가져오는 변화들은 분명히 참고할 만하다. 스마트폰이 사람들 간의 유대를 뺏어갔음을 모두가 인정한다. 심지어 부모 자식 간의 상호작용도 스마트폰의 영향으로 현저하게 줄어들었다는 연구 결과들이 많이 나온다. 이러한 시대에 억지로라도 인간성을 유지할 토대가 있다는 것은 어떻게 보면 자산이다. 인간성 상실의 가속화를 막는 방어막이 있다고 볼 수 있으니 말이다.

그리고 그 위험에서 한국은 다른 나라들보다 훨씬 더 취약하다.

아쉽게도 2024년 쇼펜하우어의 유행은 우리가 의식적으로 더 고립

되고, 더 편리해지기 위해 노력하고 있음을 보여주는 것 같다. 나아가
이제 편리함의 상태를 멋들어지게 정당화할 수도 있게 된 것 같다. 그
때 타인은 편리하게 잊힌다. 거리 두어야 할 불편한 어떤 것이 되며,
개인적 시간이 더욱 소중해진다. 그러나 그 결과 우리 사회의 인간성
은 더욱 상실되어 가고 있음을 기억해야 할 것이다. 심각하게 걱정해
야 할 수준으로 말이다.

나가며

●　●　●

『정녕코 쇼펜하우어가 드높게 치켜든 진리의 등불을 겸손하게 조금이라도 더 낮춰 들었더라면 진리의 등불도, 그 자신도 손상시키지 않았을 것이고 그가 도우려던 사람들에게도 유익했을지도 모른다. 그런데도 그리하지 않은 쇼펜하우어의 다음과 같은 발언들이 과연 용납될 수 있었겠는가?』

– 헬렌 짐먼 《쇼펜하우어 평전》 중

쇼펜하우어 삐딱하게 바라보기

상상해 보게 된다. 젊은 날의 쇼펜하우어 자신이 바랐던 대로, 그의 논문이 학계에서 인정받고 칸트의 정통한 후계자라는 명성을 얻게 되었다면 어땠을까? 헤겔과의 경쟁에서도 우위를 점하고, 동료 교수들의 호의와 함께 수많은 학생이 자신을 우러러보며 따랐다면, 그래서 계속해서 대학에 머무르며 연구할 수 있었다면, 과연 어떤 삶을 살고자 하였을까? 그런 성공적인 삶을 살고 노년에 이르렀다면 그는 자신의 인생을 어떻게 회고하며, 젊은이들에게 어떤 말을 해주고 싶어 할까? 여전히 "혼자 있는 것의 즐거움과 가치"에 대해 이야기할까 하는 상상을 해보게 된다.

그리고 어쩐지 쇼펜하우어라면 전혀 다른 주장을 했을 것 같다. 그렇게 그 자신도 적당히 명예를 누리면서 살아갔을 것 같다. 타고난 기질, 그리고 어렸을 때부터 형성된 성향 때문에 일반적인 수준에서의 사교성을 갖추기는 어려웠을지 몰라도, 그럭저럭 주변 사람들과도 어울리며 지냈을 것 같다. 무엇보다 그 정도로 성공하면 주변에서 알아서 잘 맞추어준다. 그래서 큰 불편함을 느끼지 못하였을 것이다.

헬렌 짐먼의 《쇼펜하우어 평전》에 따르면 실제로 《여록과 보유》의 성공 후 노년의 쇼펜하우어는 주변 사람들에게 점점 더 친절하고 호의적으로 변해갔다고 한다. 세상에 대한 불만과 분노가 누그러졌기 때문이다.

이렇게 생각하면 《여록과 보유》에 실린 그의 글 중 많은 부분은 결국 자신이 이루지 못한 과거에 대한 후회와 미련을 덜어내고, 스스로를 미화하려는 의도를 담아낸 것이 아닐까 하는 생각이 든다. 그리고 일단 성공하자, 사람들이 알아서 멋있게 포장해 주는 것이다. "한평생 자신의 신념을 지킨 철학자"라고 말이다. 그편이 모두에게 좋은 그림이기는 하다.

물론, 그의 철학은 인간이 겪는 근원적 고통에 대한 이야기이지, 고립의 철학이 아니다. 그럼에도 어쨌거나 일반 독자의 입장에서는 쇼펜하우어를 삐딱하게 읽을 가능성이 높다. 변호를 조금 더 해보자면, 쇼펜하우어를 거론하는 많은 저서도 그의 철학을 진지하게 소개하고 있지는 않은 것 같다. 쇼펜하우어가 한 말들을 명언으로 포장해서 상품으로 만드는 데 치중한다고 해야겠다.

하기야 쇼펜하우어도 할 말이 많을 것이다. 자신을 이해하지 못한 세상에 대해 억울함도 느낄 만하다. 분명히 뛰어난 실력을 갖추었는데, 세상이 알아봐 주지 못하니 말이다. 자신보다 못하다고 생각되는 사람들이 인정받고 젠체하는 상황에서는 더욱더 말이다.

그러나 쇼펜하우어에게도 잘못은 있을 것이다. 쇼펜하우어도 자신과 다른 주장을 하는 사람들의 말은 전혀 듣지 않았다. 대학교수직을 그만둘 때도, 덴마크 아카데미 논문 공모전에서 수상에 실패할 때도, 자신이 원하는 결과를 얻지 못하거나 사람들이 자신의 말을 듣지 않자, 그들을 부정하며 멀리했다. 심지어 마음속에서 상대방을 혐오의 대상으로 만들어버리기도 했다. 그 자신이 다른 사람에게 준 상처의 말들은 기억하지 못한 채, 자신의 상처만 곱씹고는 했다. 그렇게 그는 점점 더 혼자가 되어갔다.

그러나 조금은 유연하게 생각할 수 있지 않았을까? 조금 유연하게 대처할 수 있었다면 그 역시 다른 사람들에게 더 일찍 존중받을 수 있었을 것이다.

무엇보다도 쇼펜하우어라고 하더라도 고립과 단절이 심화되는 21세기 한국 사회의 모습을 보았다면, 사람들에게 자신과 같은 방식의 고독을 택하라고 쉽게 권하지는 못하였을 것이다.

설혹 그의 말마따나 변화를 만들어내는 1%의 천재가 맡은 역할이 중요하더라도, 우리 사회에서 천재 쇼펜하우어는 한 명 정도로 족하다. 쇼펜하우어적인 삶이 결코 보편이 되어서는 안 된다. 더군다나 본문에서 언급했다시피 요즘은 뛰어난 '한 명'의 천재가 세상을 바꾸는 시대도 아니고 말이다.

그러니 쇼펜하우어에게서 너무 큰 위로를 받으려 하지 말자는 것이다. 쇼펜하우어의 삶은 우리가 따라 하기도 힘들고, 어설프게 따라 해서도 안 된다. 쇼펜하우어만큼이나 똑똑한 사람도 제 혼자 잘나려고 하니, 성공하기까지 30여 년이나 걸렸음을 기억하자. 그의 말마따나 이제는 나이가 들어 영광을 만끽할 체력도 없을 때가 되어서야 겨우 원하는 바를 이룰 수 있었다. 운이 없었다면 죽을 때까지 영광을 누리지 못했을 수도 있다. 더군다나 그 말년의 성공마저도 사실 그가 인지하지 못한 사람들과의 연대가 있었기 때문에 가능한 것이었다.

쇼펜하우어만큼 똑똑하지도 않고, 그처럼 부자도 아닌 우리는 다른 방법을 택해야 한다. 그의 방법을 잘못 흉내 내면 더욱 불행해질 뿐이다. 설혹 어느 정도 수준에서는 성공을 거두더라도 과거의 나처럼 인간성 상실에 가까워지게 될 것이다. 스스로도 인식하지 못한 채 인격의 퇴행이 진행되어 자기 자신을 파괴하고, 그로 인해 욕심내는 분야에서 더 나아갈 기회들을 잃어가게 될 것이다.

그러니 더 나은 삶으로 나아갈 기회와 더 행복한 삶을 살아갈 기회는 사람들과의 연대에 있다는 것을 이해하고, 함께 어울려 지내도록 노력하자. 인간관계에서 불화와 갈등은 피할 수 없겠지만, 그것이 우리가 감내해야 할 삶의 일부라는 점을 받아들이자. 각자가 그렇게 노력할 때, 나와 내가 사랑하는 사람들이 더 안전하게 살아갈 수 있는 사회가 만들어진다는 점을 기억하며, 함께할 수 있도록 노력하자.

　　이 책을 쓰면서, 순간순간 내향적인 성격의 사람들, 즉 I 성향의 이들에게 미안한 마음이 들 때가 있었다. 내향성이 조금 더 짙은 것만으로 이를 사회성의 부족으로 몰아가고 있지 않은가, 혹은 다른 사람들을 나와 같은 수준으로 격하시키고 있지 않은가 하는 우려가 있었다.

　그러나 이 책의 주요 독자층으로 설정한 것은 과거의 나처럼 조금의 위로나 변명거리로 안주하거나 숨어버리거나, 게을러지는 성향이 있는 사람들이다. 사회성을 기르고 자신의 부족한 부분들을 개선할 수 있는 사람들이 쇼펜하우어에게 기대어 기회를 놓치지 않도록 경계하기 위해서였음을 이해해 주기 바란다.

　쇼펜하우어의 철학을 전문적으로 논증하고자 함이 아니었다. 나에게는 그럴 능력이 없다. 마흔이 되어 나의 삶을 돌아봄에 아직 어린 젊은이들이 나처럼 되어서 좋을 것이 없다는 생각에 쓴 글이다. 그래서 나의 과거 경험, 그리고 내가 알고 있는 사례들을 통해 이야기를 풀어 나가 보고자 하였다.

　그런 면에서 어쩌면 나야말로 쇼펜하우어를 적당히 이용만 하고 있었을지 모르겠다. 쇼펜하우어와 관련된 기존 저서들이 맥락 없이 쇼펜하우어의 말을 인용한다고 지적하였지만, 나 역시 이 비판에서 자유롭지 않다는 점을 인정해야 할 것 같다. 다만 내가 전하고자 하는 메시지는 곡해 없이 전달되었기를 바란다.

　마지막으로 혼자 있는 시간을 유난히 강조한, 그래서 오해하기 쉬운 쇼펜하우어이지만, 그가 마침내 찾아낸 이상적인 상태는 사실 완벽한 고립이 아닌, 나와 다른 사람 사이의 적절한 거리를 찾는 것이었다는 점을 강조하며 책을 마무리하려 한다.

『마침내 서로 공존할 수 있는 중간의 거리를 발견했다. 그것이 바로 정중함과 예의다.』

『현명한 사람은 적절한 거리를 두고 불을 쬐면서 몸을 녹이되 불에 손을 집어넣지 않지만, 어리석은 자는 그렇게 해서 화상을 입고 고독이라는 차가운 곳으로 도망쳐서는 불타고 있다고 탄식한다.』

　불을 쬐어 따뜻함을 즐기는 인간과 불이 무서워 차가운 곳으로 도망치는 사람을 대비하듯, 인간관계가 두렵고 불편하며 의미 없다고 완전히 도망쳐버리는 사람이 되지 말자. 정중함과 예의를 갖추어 사람을 대하고, 그 정중함과 예의로 화답할 수 있는 사람들과 관계를 유지해나가자. 그렇게 해서 우리의 삶을 더욱 따뜻하게 만들어가자.